高教版 | 2

U0628148

# 全国硕士研究生招生考试

# 管理类综合能力
# 考试大纲

教育部教育考试院

中国教育出版传媒集团
高等教育出版社·北京

**图书在版编目（CIP）数据**

2024 年全国硕士研究生招生考试管理类综合能力考试大纲／教育部教育考试院编. --北京:高等教育出版社,2023.9

　ISBN 978-7-04-061128-1

　Ⅰ.①2… Ⅱ.①教… Ⅲ.①管理学-研究生-入学考试-考试大纲 Ⅳ.①C93-41

中国国家版本馆 CIP 数据核字（2023）第 166160 号

2024 年全国硕士研究生招生考试管理类综合能力考试大纲
2024 NIAN QUANGUO SHUOSHI YANJIUSHENG ZHAOSHENG KAOSHI GUANLILEI
ZONGHE NENGLI KAOSHI DAGANG

| 策划编辑 | 李笑雪 | 责任编辑 | 李晓翠 | 封面设计 | 张雨微 | 版式设计 | 马 云 |
| 责任绘图 | 邓 超 | 责任校对 | 吕红颖 | 责任印制 | 刁 毅 | | |

| 出版发行 | 高等教育出版社 | 网　　址 | http://www.hep.edu.cn |
| 社　　址 | 北京市西城区德外大街 4 号 | | http://www.hep.com.cn |
| 邮政编码 | 100120 | 网上订购 | http://www.hepmall.com.cn |
| 印　　刷 | 北京玥实印刷有限公司 | | http://www.hepmall.com |
| 开　　本 | 880mm×1230mm　1/32 | | http://www.hepmall.cn |
| 印　　张 | 3.125 | | |
| 字　　数 | 55 千字 | 版　　次 | 2023 年 9 月第 1 版 |
| 购书热线 | 010-58581118 | 印　　次 | 2023 年 9 月第 1 次印刷 |
| 咨询电话 | 400-810-0598 | 定　　价 | 17.00 元 |

本书如有缺页、倒页、脱页等质量问题,请到所购图书销售部门联系调换
版权所有　侵权必究
物 料 号　61128-00

# 目 录

# I 考试性质

　　综合能力考试是为高等院校和科研院所招收管理类专业学位硕士研究生而设置的具有选拔性质的全国招生考试科目,其目的是科学、公平、有效地测试考生是否具备攻读专业学位所必需的基本素质、一般能力和培养潜能,评价的标准是高等学校本科毕业生所能达到的及格或及格以上水平,以利于各高等院校和科研院所在专业上择优选拔,确保专业学位硕士研究生的招生质量。

1. 具有运用数学基础知识、基本方法分析和解决问题的能力。

2. 具有较强的分析、推理、论证等逻辑思维能力。

3. 具有较强的文字材料理解能力、分析能力以及书面表达能力。

# 考试形式和试卷结构

## 一、试卷满分及考试时间

试卷满分为 200 分,考试时间为 180 分钟。

## 二、答题方式

答题方式为闭卷、笔试。不允许使用计算器。

## 三、试卷内容与题型结构

数学基础　　　　　　　75 分,有以下两种题型:

　　问题求解　　　　　15 小题,每小题 3 分,共 45 分

　　条件充分性判断　　10 小题,每小题 3 分,共 30 分

逻辑推理　　　　　　　30 小题,每小题 2 分,共 60 分

写作　　　　　　　　　2 小题,其中论证有效性分析

　　　　　　　　　　　30 分,论说文 35 分,共 65 分

# Ⅳ 考查内容

## 一、数学基础

综合能力考试中的数学基础部分主要考查考生的运算能力、逻辑推理能力、空间想象能力和数据处理能力,通过问题求解和条件充分性判断两种形式来测试。

试题涉及的数学知识范围有:

（一）算术

1. 整数

（1）整数及其运算

（2）整除、公倍数、公约数

（3）奇数、偶数

（4）质数、合数

2. 分数、小数、百分数

3. 比与比例

4. 数轴与绝对值

（二）代数

1. 整式

（1）整式及其运算

（2）整式的因式与因式分解

2. 分式及其运算

3. 函数

（1）集合

（2）一元二次函数及其图像

（3）指数函数、对数函数

4. 代数方程

（1）一元一次方程

（2）一元二次方程

（3）二元一次方程组

5. 不等式

（1）不等式的性质

（2）均值不等式

（3）不等式求解

一元一次不等式（组），一元二次不等式，简单绝对值不等式，简单分式不等式。

6. 数列、等差数列、等比数列

（三）几何

1. 平面图形

（1）三角形

（2）四边形

矩形，平行四边形，梯形。

（3）圆与扇形

2. 空间几何体

（1）长方体

（2）柱体

（3）球体

3. 平面解析几何

（1）平面直角坐标系

（2）直线方程与圆的方程

（3）两点间距离公式与点到直线的距离公式

（四）数据分析

1. 计数原理

（1）加法原理、乘法原理

（2）排列与排列数

（3）组合与组合数

2. 数据描述

（1）平均值

（2）方差与标准差

（3）数据的图表表示

直方图，饼图，数表。

3. 概率

（1）事件及其简单运算

（2）加法公式

（3）乘法公式

（4）古典概型

（5）伯努利概型

## 二、 逻辑推理

综合能力考试中的逻辑推理部分主要考查考生对各种信

息的理解、分析和综合,以及相应的判断、推理、论证等逻辑思维能力,不考查逻辑学的专业知识。试题题材涉及自然、社会和人文等各个领域,但不考查相关领域的专业知识。

试题涉及的内容主要包括:

（一）概念

1. 概念的种类

2. 概念之间的关系

3. 定义

4. 划分

（二）判断

1. 判断的种类

2. 判断之间的关系

（三）推理

1. 演绎推理

2. 归纳推理

3. 类比推理

4. 综合推理

（四）论证

1. 论证方式分析

2. 论证评价

（1）加强

（2）削弱

（3）解释

（4）其他

3. 谬误识别

（1）混淆概念

（2）转移论题

（3）自相矛盾

（4）模棱两可

（5）不当类比

（6）以偏概全

（7）其他谬误

## 三、写作

综合能力考试中的写作部分主要考查考生的分析论证能力和文字表达能力,通过论证有效性分析和论说文两种形式来测试。

1. 论证有效性分析

论证有效性分析试题的题干为一篇有缺陷的论证,要求考生分析其中存在的问题,选择若干要点,评论该论证的有效性。

本类试题的分析要点是:论证中的概念是否明确,判断是否准确,推理是否严密,论证是否充分等。

文章要求分析得当,理由充分,结构严谨,语言得体。

2. 论说文

论说文的考试形式有两种:命题作文、基于文字材料的自由命题作文。每次考试为其中一种形式。要求考生在准确、全面地理解题意的基础上,对命题或材料所给观点进行分析,表明自己的观点并加以论证。

文章要求思想健康,观点明确,论据充足,论证严密,结构合理,语言流畅。

# Ⓥ 题型示例及参考答案

## 题型示例

一、问题求解：第 1~15 小题，每小题 3 分，共 45 分。下列每题给出的五个选项中，只有一个选项是最符合题目要求的。

1. 已知船在静水中的速度为 28 km/h，河水的流速为 2 km/h，则此船在相距 78 km 的两地间往返一次所需时间是

   A. 5.9 h          B. 5.6 h          C. 5.4 h

   D. 4.4 h          E. 4 h

2. 若实数 $a,b,c$ 满足 $|a-3|+\sqrt{3b+5}+(5c-4)^2=0$，则 $abc=$

   A. $-4$          B. $-\dfrac{5}{3}$          C. $-\dfrac{4}{3}$

   D. $\dfrac{4}{5}$          E. 3

3. 某年级 60 名学生中，有 30 人参加合唱团、45 人参加运动队，其中参加合唱团而未参加运动队的有 8 人，则参加运动队而未参加合唱团的有

   A. 15 人          B. 22 人          C. 23 人

   D. 30 人          E. 37 人

4. 现有一个半径为 $R$ 的球体，拟用刨床将其加工成正方体，则能加工成的最大正方体的体积是

A. $\dfrac{8}{3}R^3$  B. $\dfrac{8\sqrt{3}}{9}R^3$  C. $\dfrac{4}{3}R^3$

D. $\dfrac{1}{3}R^3$  E. $\dfrac{\sqrt{3}}{9}R^3$

5. 2007 年,某市的全年研究与试验发展(R&D)经费支出 300 亿元,比 2006 年增长 20%,该市的 GDP 为 10 000 亿元,比 2006 年增长 10%. 2006 年,该市的 R&D 经费支出占当年 GDP 的

   A. 1.75%  B. 2%  C. 2.5%

   D. 2.75%  E. 3%

6. 现从 5 名管理专业、4 名经济专业和 1 名财会专业的学生中随机派出一个 3 人小组,则该小组中 3 个专业各有 1 名学生的概率为

   A. $\dfrac{1}{2}$  B. $\dfrac{1}{3}$  C. $\dfrac{1}{4}$

   D. $\dfrac{1}{5}$  E. $\dfrac{1}{6}$

7. 一所四年制大学每年的毕业生七月份离校,新生九月份入学. 该校 2001 年招生 2 000 名,之后每年比上一年多招 200 名,则该校 2007 年九月底的在校学生有

   A. 14 000 名  B. 11 600 名  C. 9 000 名

   D. 6 200 名  E. 3 200 名

8. 将 2 个红球与 1 个白球随机地放入甲、乙、丙三个盒子中,则乙盒中至少有 1 个红球的概率为

   A. $\dfrac{1}{9}$  B. $\dfrac{8}{27}$  C. $\dfrac{4}{9}$

D. $\dfrac{5}{9}$　　　　　　E. $\dfrac{17}{27}$

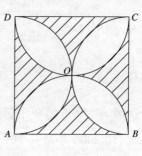

9. 如图 1,四边形 $ABCD$ 是边长为 1 的正方形，弧 $AOB$、$BOC$、$COD$、$DOA$ 均为半圆,则阴影部分的面积为

图 1

A. $\dfrac{1}{2}$　　　　　　　　　B. $\dfrac{\pi}{2}$

C. $1-\dfrac{\pi}{4}$　　　　　　D. $\dfrac{\pi}{2}-1$　　　　　　E. $2-\dfrac{\pi}{2}$

10. 3 个三口之家一起观看演出,他们购买了同一排的 9 张连座票,则每一家的人都坐在一起的不同坐法有

A. $(3!)^2$ 种　　　　　B. $(3!)^3$ 种　　　　　C. $3(3!)^3$ 种

D. $(3!)^4$ 种　　　　　E. 9! 种

11. 设 $P$ 是圆 $x^2+y^2=2$ 上的一点,该圆在点 $P$ 处的切线平行于直线 $x+y+2=0$,则点 $P$ 的坐标为

A. $(-1,1)$　　　　　B. $(1,-1)$　　　　　C. $(0,\sqrt{2})$

D. $(\sqrt{2},0)$　　　　　E. $(1,1)$

12. 设 $a,b,c$ 是小于 12 的三个不同的质数(素数),且 $|a-b|+|b-c|+|c-a|=8$,则 $a+b+c=$

A. 10　　　　　　　B. 12　　　　　　　C. 14

D. 15　　　　　　　E. 19

13. 在年底的献爱心活动中,某单位共有 100 人参加捐款. 经统计,捐款总额是 19 000 元,个人捐款数额有 100 元、500 元和

2 000 元三种. 该单位捐款 500 元的人数为

A. 13          B. 18          C. 25

D. 30          E. 38

14. 某施工队承担了开凿一条长为 2 400 m 隧道的工程,在掘进了 400 m 后,由于改进了施工工艺,每天比原计划多掘进 2 m,最后提前 50 天完成了施工任务. 原计划施工工期是

A. 200 天          B. 240 天          C. 250 天

D. 300 天          E. 350 天

15. 已知 $x^2+y^2=9$, $xy=4$,则 $\dfrac{x+y}{x^3+y^3+x+y}=$

A. $\dfrac{1}{2}$          B. $\dfrac{1}{5}$          C. $\dfrac{1}{6}$

D. $\dfrac{1}{13}$          E. $\dfrac{1}{14}$

二、条件充分性判断:第 16～25 小题,每小题 3 分,共 30 分。要求判断每题给出的条件(1)和条件(2)能否充分支持题干所陈述的结论。A、B、C、D、E 五个选项为判断结果,请选择一项符合题目要求的判断。

A. 条件(1)充分,但条件(2)不充分.

B. 条件(2)充分,但条件(1)不充分.

C. 条件(1)和条件(2)单独都不充分,但条件(1)和条件(2)联合起来充分.

D. 条件(1)充分,条件(2)也充分.

E. 条件(1)和条件(2)单独都不充分,条件(1)和条件(2)

联合起来也不充分.

16. 实数 $a$, $b$, $c$ 成等差数列.

   (1) $e^a$, $e^b$, $e^c$ 成等比数列.

   (2) $\ln a$, $\ln b$, $\ln c$ 成等差数列.

17. 在一次英语考试中,某班的及格率为 80%.

   (1) 男生及格率为 70%,女生

   及格率为 90%.

   (2) 男生的平均分与女生的平

   均分相等.

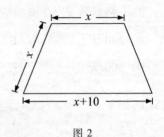

图 2

18. 如图 2,等腰梯形的上底与腰

   均为 $x$,下底为 $x+10$. 则 $x = 13$.

   (1) 该梯形的上底与下底之比为 $13:23$.

   (2) 该梯形的面积为 216.

19. 现有 3 名男生和 2 名女生参加面试. 则面试的排序法有

   24 种.

   (1) 第一位面试的是女生.

   (2) 第二位面试的是指定的某位男生.

20. 已知 $\triangle ABC$ 的三条边长分别为 $a, b, c$. 则 $\triangle ABC$ 是等腰直角

   三角形.

   (1) $(a-b)(c^2 - a^2 - b^2) = 0$.

   (2) $c = \sqrt{2}b$.

21. 直线 $ax+by+3=0$ 被圆 $(x-2)^2 + (y-1)^2 = 4$ 截得的线段长度

   为 $2\sqrt{3}$.

（1）$a=0$，$b=-1$.

（2）$a=-1$，$b=0$.

22. 已知实数 $a,b,c,d$ 满足 $a^2+b^2=1$，$c^2+d^2=1$. 则 $|ac+bd|<1$.

（1）直线 $ax+by=1$ 与 $cx+dy=1$ 仅有一个交点.

（2）$a\neq c$，$b\neq d$.

23. 某年级共有 8 个班. 在一次年级考试中,共有 21 名学生不及格,每班不及格的学生最多有 3 名,则（一）班至少有 1 名学生不及格.

（1）（二）班不及格人数多于（三）班.

（2）（四）班不及格的学生有 2 名.

24. 现有一批文字材料需要打印,两台新型打印机单独完成此任务分别需要 4 h 与 5 h,两台旧型打印机单独完成此任务分别需要 9 h 与 11 h. 则能在 2.5 h 内完成此任务.

（1）安排两台新型打印机同时打印.

（2）安排一台新型打印机与两台旧型打印机同时打印.

25. 已知 $\{a_n\}$ 为等差数列. 则该数列的公差为零.

（1）对任何正整数 $n$,都有 $a_1+a_2+\cdots+a_n\leqslant n$.

（2）$a_2\geqslant a_1$.

三、逻辑推理:第 26~55 小题,每小题 2 分,共 60 分。下列每题给出的五个选项中,只有一个选项是最符合题目要求的。

26. 蟋蟀是一种非常有趣的小动物。宁静的夏夜,草丛中传来阵阵清脆悦耳的鸣叫声,那是蟋蟀在歌唱。蟋蟀优美动听的歌声并不是出自它的好嗓子,而是来自它的翅膀。左右两翅一张一合,相互摩擦,就可以发出悦耳的声响了。蟋蟀还是建筑专家,与它那柔软的挖掘工具相比,蟋蟀的住宅真可以算得上是伟大的工程了。在其住宅门口,有一个收拾得非常舒适的平台。夏夜,除非下雨或者刮风,否则蟋蟀肯定会在这个平台上歌唱。

根据以上陈述,以下哪项是蟋蟀在无雨的夏夜所做的?

A. 修建住宅。

B. 收拾平台。

C. 在平台上歌唱。

D. 如果没有刮风,它就在抢修工程。

E. 如果没有刮风,它就在平台上歌唱。

27. 巴斯德认为,空气中的微生物浓度与环境状况、气流运动和海拔高度有关。他在山上的不同高度分别打开装着煮过的培养液的瓶子,发现海拔越高,培养液被微生物污染的可能性越小。在山顶上,20 个装了培养液的瓶子,只有 1 个长出了微生物。普歇另用干草浸液做材料重复了巴斯德的实验,却得出不同的结果:即使在海拔很高的地方,所有装了培养液的瓶子都很快长出了微生物。

以下哪项如果为真,最能解释普歇和巴斯德实验所得到的不同结果?

A. 只要有氧气的刺激,微生物就会从培养液中自发地生长出来。

B. 培养液在加热消毒、密封、冷却的过程中会被外界细菌污染。

C. 普歇和巴斯德的实验设计都不够严密。

D. 干草浸液中含有一种耐高温的枯草杆菌,培养液一旦冷却,枯草杆菌的孢子就会复活,迅速繁殖。

E. 普歇和巴斯德都认为,虽然他们用的实验材料不同,但是经过煮沸,细菌都能被有效地杀灭。

28. 张教授的所有初中同学都不是博士,通过张教授而认识其哲学研究所同事的都是博士,张教授的一个初中同学通过张教授认识了王研究员。

以下哪项能作为结论从上述断定中推出?

A. 王研究员是张教授的哲学研究所同事。

B. 王研究员不是张教授的哲学研究所同事。

C. 王研究员是博士。

D. 王研究员不是博士。

E. 王研究员不是张教授的初中同学。

29. 某教育专家认为:"男孩危机"是指男孩调皮捣蛋、胆小怕事、学习成绩不如女孩好等现象。近些年,这种现象已经成为儿童教育专家关注的一个重要问题。这位专家在列出一系列统计数据后,提出了"今日男孩为什么从小学、中学到大学全面落后于同年龄段的女孩"的疑问,这无疑加剧了无数男生家长的焦虑。该专家通过分析指出,恰恰是家庭和学校不适当的教育方法导致了"男孩危机"现象。

以下哪项如果为真,最能对该专家的观点提出质疑?

A. 家庭对独生子女的过度呵护,在很大程度上限制了男孩发散思维的拓展和冒险性格的养成。

B. 现在的男孩比以前的男孩在女孩面前更喜欢表现出"绅士"的一面。

C. 男孩在发展潜能方面要优于女孩,大学毕业后他们更容易在事业上有所成就。

D. 在家庭、学校教育中,女性充当了主要角色。

E. 现代社会游戏泛滥,男孩天性比女孩更喜欢游戏,这耗去了他们大量的精力。

30. 2010 年某省物价总水平仅上涨 2.4%,涨势比较温和,涨幅甚至比 2009 年回落了 0.6 个百分点。可是,普通民众觉得物价涨幅较高,一些统计数据也表明,民众的感觉有据可依。2010 年某月的统计报告显示,该月禽蛋类商品价格涨幅达 12.3%,某些反季节蔬菜涨幅甚至超过 20%。

以下哪项如果为真,最能解释上述看似矛盾的现象?

A. 人们对数据的认识存在偏差,不同来源的统计数据会产生不同的结果。

B. 影响居民消费品价格总水平变动的各种因素互相交织。

C. 虽然部分日常消费品涨幅很小,但居民感觉很明显。

D. 在物价指数体系中占相当权重的工业消费品价格持续走低。

E. 不同的家庭,其收入水平、消费偏好、消费结构都有很大的差异。

31. 随着互联网的发展,人们的购物方式有了新的选择。很多年轻人喜欢在网络上选择自己满意的商品,通过快递送上门,购物足不出户,非常便捷。刘教授据此认为,那些实体商场的竞争力会受到互联网的冲击,在不远的将来,会有更多的网络商店取代实体商店。

以下哪项如果为真,最能削弱刘教授的观点?

A. 网络购物虽然有某些便利,但容易导致个人信息被不法分子利用。

B. 有些高档品牌的专卖店,只愿意采取街面实体商店的销售方式。

C. 网络商店与快递公司在货物丢失或损坏的赔偿方面经常互相推诿。

D. 购买黄金珠宝等贵重物品,往往需要现场挑选,且不适宜网络支付。

E. 通常情况下,网络商店只有在其实体商店的支撑下才能生存。

32. 某集团公司有四个部门,分别生产冰箱、彩电、电脑和手机。根据前三个季度的数据统计,四个部门经理对 2010 年全年的赢利情况作了如下预测:

冰箱部门经理:今年手机部门会赢利。

彩电部门经理:如果冰箱部门今年赢利,那么彩电部门就不会赢利。

电脑部门经理:如果手机部门今年没赢利,那么电脑部门也没赢利。

手机部门经理:今年冰箱和彩电部门都会赢利。

全年数据统计完成后,发现上述四个预测只有一个符合事实。

关于该公司各部门的全年赢利情况,以下除哪项外,均可能为真?

A. 彩电部门赢利,冰箱部门没赢利。

B. 冰箱部门赢利,电脑部门没赢利。

C. 电脑部门赢利,彩电部门没赢利。

D. 冰箱部门和彩电部门都没赢利。

E. 冰箱部门和电脑部门都赢利。

33. 随着数字技术的发展,音频、视频的播放形式出现了革命性转变。人们很快接受了一些新形式,比如 MP3、CD、DVD 等。但是对于电子图书的接受并没有达到专家所预期的程度,现在仍有很大一部分读者喜欢捧着纸质出版物。纸质书籍在出版业中依然占据重要地位。因此有人说,书籍可能是数字技术需要攻破的最后一个堡垒。

以下哪项最不能对上述现象提供解释?

A. 人们固执地迷恋着阅读纸质书籍时的舒适体验,喜欢纸张的质感。

B. 在显示器上阅读,无论是笨重的阴极射线管显示器还是轻薄的液晶显示器,都会让人无端地心浮气躁。

C. 现在仍有一些怀旧爱好者喜欢收藏经典图书。

D. 电子书显示设备技术不够完善,图像显示速度较慢。

E. 与纸质书籍的柔软沉静相比,电子书显得面目可憎。

34. 在一次围棋比赛中,参赛选手陈华不时地挤捏指关节,发出的声响干扰了对手的思考。在比赛封盘间歇时,裁判警告陈华:如果在比赛中再次挤捏指关节并发出声响,将判其违规。对此,陈华反驳说,他挤捏指关节是习惯性动作,并不是故意的,因此,不应被判违规。

以下哪项如果成立,最能支持陈华对裁判的反驳?

A. 在此次比赛中,对手不时打开、合拢折扇,发出的声响干扰了陈华的思考。

B. 在围棋比赛中,只有选手的故意行为,才能成为判罚的根据。

C. 在此次比赛中,对手本人并没有对陈华的干扰提出抗议。

D. 陈华一向恃才傲物,该裁判对其早有不满。

E. 如果陈华为人诚实、从不说谎,那么他就不应该被判违规。

35. 在某次课程教学改革研讨会上,负责工程类教学的程老师说,在工程设计中,用于解决数学问题的计算机程序越来越多了,这样就不必要求工程技术类大学生对基础数学有深刻的理解。因此,在未来的教学体系中,基础数学课程可以用其他重要的工程类课程替代。

以下哪项如果为真,能削弱程老师的上述论证?

Ⅰ. 工程类基础课程中已经包含了相关的基础数学内容;

Ⅱ. 在工程设计中,设计计算机程序需要对基础数学有全面的理解;

Ⅲ. 基础数学课程的一个重要目标是培养学生的思维能力,这种能力对工程设计来说很关键。

A. 只有Ⅱ。 　　　　　　　　B. 只有Ⅰ和Ⅱ。

C. 只有Ⅰ和Ⅲ。 　　　　　　D. 只有Ⅱ和Ⅲ。

E. Ⅰ、Ⅱ和Ⅲ。

36. 一种常见的现象是,从国外引进的一些畅销科普读物在国内并不畅销。有人对此解释说,这与我们多年来沿袭的文理分科有关。文理分科人为地造成了自然科学与人文社会科学的割裂,导致科普类图书的读者市场还没有真正形成。

以下哪项如果为真,最能加强上述观点?

A. 有些自然科学工作者对科普读物也不感兴趣。

B. 科普读物不是没有需求,而是有效供给不足。

C. 由于缺乏理科背景,非自然科学工作者对科学敬而远之。

D. 许多科普电视节目都拥有固定的收视群,相应的科普读物也大受欢迎。

E. 国内大部分科普读物只是介绍科学常识,很少真正关注科学精神的传播。

37. 鸽子走路时,头部并不是有规律地前后移动,而是一直在往前伸。行走时,鸽子脖子往前一探,然后,头部保持静止,等待着身体和爪子跟进。有学者曾就鸽子走路时伸脖子的现象做出假设:在等待身体跟进的时候,暂时静止的头部有利于鸽子获得稳定的视野,看清周围的事物。

以下哪项如果为真,最能支持上述假设?

A. 鸽子行走时如果不伸脖子,很难发现远处的食物。

B. 步伐大的鸟类,伸缩脖子的幅度远比步伐小的要大。

C. 鸽子行走速度的变化,刺激内耳控制平衡的器官,导致伸脖子。

D. 鸽子行走时一举翅一投足,都可能出现脖子和头部肌肉的自然反射,所以头部不断运动。

E. 如果雏鸽步态受到限制,功能发育不够完善,那么,成年后鸽子的步伐变小,脖子伸缩幅度则会随之降低。

38. 一艘远洋帆船载着5位中国人和几位外国人由中国驶往欧洲。途中,除5位中国人外,全患上了败血症。同乘一艘船,同样是风餐露宿,漂洋过海,为什么中国人和外国人如此不同呢?原来这5位中国人都有喝茶的习惯,而外国人却没有。于是得出结论:喝茶是这5位中国人未得败血症的原因。

以下哪项和题干中得出结论的方法最为相似?

A. 警察锁定了犯罪嫌疑人,但是从目前掌握的事实看,都不足以证明他犯罪。专案组由此得出结论,必有一种未知的因素潜藏在犯罪嫌疑人身后。

B. 在两块土壤情况基本相同的麦地上,对其中一块施氮肥和钾肥,另一块只施钾肥。结果施氮肥和钾肥的那块麦地的产量远高于另一块。可见,施氮肥是麦地产量较高的原因。

C. 孙悟空:"如果打白骨精,师父会念紧箍咒;如果不打,师父就会被妖精吃掉。"孙悟空无奈得出结论:"我还是回花果山算了。"

D. 天文学家观测到天王星的运行轨道有特征 a、b、c,已知特征 a、b 分别是由两颗行星甲、乙的吸引造成的,于是猜想还有一颗未知行星造成天王星的轨道特征 c。

E. 一定压力下的一定量气体,温度升高,体积增大;温度降低,体积缩小。气体体积与温度之间存在一定的相关性,说明气体温度的改变是其体积改变的原因。

39. 所有重点大学的学生都是聪明的学生,有些聪明的学生喜欢逃学,小杨不喜欢逃学;所以,小杨不是重点大学的学生。
以下除哪项外,均与上述推理的形式类似?

A. 所有经济学家都懂经济学,有些懂经济学的爱投资企业,你不爱投资企业;所以,你不是经济学家。

B. 所有的鹅都吃青菜,有些吃青菜的也吃鱼,兔子不吃鱼;所以,兔子不是鹅。

C. 所有的人都是爱美的,有些爱美的还研究科学,亚里士多德不是普通人;所以,亚里士多德不研究科学。

D. 所有被高校录取的学生都是超过录取分数线的,有些超过录取分数线的是大龄考生,小张不是大龄考生;所以小张没有被高校录取。

E. 所有想当外交官的都需要学外语,有些学外语的重视人际交往,小王不重视人际交往;所以小王不想当外交官。

40. 某次认知能力测试,刘强得了 118 分,蒋明的得分比王丽高,张华和刘强的得分之和大于蒋明和王丽的得分之和,刘强的得分比周梅高;此次测试 120 分以上为优秀,五人之中有两人没有达到优秀。

根据以上信息,以下哪项是上述五人在此次测试中得分由高到低的排列?

A. 张华、王丽、周梅、蒋明、刘强。

B. 张华、蒋明、王丽、刘强、周梅。

C. 张华、蒋明、刘强、王丽、周梅。

D. 蒋明、张华、王丽、刘强、周梅。

E. 蒋明、王丽、张华、刘强、周梅。

41. 近日,某集团高层领导研究了发展方向问题。王总经理认为:既要发展纳米技术,也要发展生物医药技术;赵副总经理认为:只有发展智能技术,才能发展生物医药技术;李副总经理认为:如果发展纳米技术和生物医药技术,那么也要发展智能技术。最后经过董事会研究,只有其中一位的意见被采纳。

根据以上陈述,以下哪项符合董事会的研究决定?

A. 发展纳米技术和智能技术,但是不发展生物医药技术。

B. 发展生物医药技术和纳米技术,但是不发展智能技术。

C. 发展智能技术和生物医药技术,但是不发展纳米技术。

D. 发展智能技术,但是不发展纳米技术和生物医药技术。

E. 发展生物医药技术、智能技术和纳米技术。

42. 在某次思维训练课上,张老师提出"尚左数"这一概念的定义:在连续排列的一组数字中,如果一个数字左边的数字都比其大(或无数字),且其右边的数字都比其小(或无数字),则称这个数字为尚左数。

根据张老师的定义,在 8,9,7,6,4,5,3,2 这列数字中,以下哪项包含了该列数字中所有的尚左数?

A. 4、5、7 和 9。　　　　　　B. 2、3、6 和 7。

C. 3、6、7 和 8。　　　　　　D. 5、6、7 和 8。

E. 2、3、6 和 8。

43. 有位美国学者做了一个实验:给被试儿童看三幅图画,分别是鸡、牛、青草,然后让儿童将其分为两类。结果大部分中国儿童把牛和青草归为一类,把鸡归为另一类;大部分美国儿童则把牛和鸡归为一类,把青草归为另一类。这位美国学者由此得出:中国儿童习惯于按照事物之间的关系来分类,美国儿童则习惯于把事物按照各自所属的"实体"范畴进行分类。

以下哪项是这位学者得出结论所必须假设的?

A. 牛和青草是按照事物之间的关系被归为一类。

B. 牛和鸡是按照各自所属的"实体"范畴被归为一类。

C. 美国儿童只要把牛和鸡归为一类,就是习惯于按照各自所属的"实体"范畴进行分类。

D. 美国儿童只要把牛和鸡归为一类,就不是习惯于按照事物之间的关系来分类。

E. 中国儿童只要把牛和青草归为一类,就不是习惯于按照各自所属的"实体"范畴进行分类。

44. 相互尊重是相互理解的基础,相互理解是相互信任的前提;在人与人的相互交往中,自重、自信也是非常重要的,没有一个人尊重不自重的人,没有一个人信任他所不尊重的人。

以上陈述可以推出以下哪项结论?

A. 不自重的人也不被任何人信任。

B. 相互信任才能相互尊重。

C. 不自信的人也不自重。

D. 不自信的人也不被任何人信任。

E. 不自信的人也不受任何人尊重。

45. 李赫、张岚、林宏、何柏、邱辉五位是同事,近日他们各自买了一辆不同品牌小轿车,分别为雪铁龙、奥迪、宝马、奔驰、桑塔纳。这五辆车的颜色分别与五人名字的最后一个字谐音:黑、蓝、红、白、灰,但他们各自所买车的颜色都与其名字的最后一个字谐音的颜色不同。已知李赫买的是蓝色的雪铁龙。

以下哪项排列可能依次对应张岚、林宏、何柏、邱辉所买的车?

A. 灰色的奥迪、白色的宝马、黑色的奔驰、红色的桑塔纳。

B. 黑色的奥迪、红色的宝马、灰色的奔驰、白色的桑塔纳。

C. 红色的奥迪、灰色的宝马、白色的奔驰、黑色的桑塔纳。

D. 白色的奥迪、黑色的宝马、红色的奔驰、灰色的桑塔纳。

E. 黑色的奥迪、灰色的宝马、白色的奔驰、红色的桑塔纳。

46. 公达律师事务所以为刑事案件的被告进行有效辩护而著称，成功率达 90% 以上。老余是一位以专门为离婚案件的当事人成功辩护而著称的律师。因此，老余不可能是公达律师事务所的成员。

以下哪项最为确切地指出了上述论证的漏洞？

A. 公达律师事务所具有的特征，其成员不一定具有。

B. 没有确切指出老余为离婚案件的当事人辩护的成功率。

C. 没有确切指出老余为刑事案件的当事人辩护的成功率。

D. 没有提供公达律师事务所统计数据的来源。

E. 老余具有的特征，其所在工作单位不一定具有。

47. 由于含糖饮料的卡路里含量高，容易导致肥胖，因此无糖饮料开始流行。经过一段时期的调查，李教授认为：无糖饮料尽管卡路里含量低，但并不意味它不会导致体重增加。因为无糖饮料可能导致人们对于甜食的高度偏爱，这意味着可能食用更多的含糖类食物。而且无糖饮料几乎没什么营养，喝得过多就限制了其他健康饮品的摄入，比如茶和果汁等。

以下哪项如果为真，最能支持李教授的观点？

A. 茶是中国的传统饮料，长期饮用有益健康。

B. 有些瘦子也爱喝无糖饮料。

C. 有些胖子爱吃甜食。

D. 不少胖子向医生报告他们常喝无糖饮料。

E. 喝无糖饮料的人很少进行健身运动。

48. 只有公司相应部门的所有员工都考评合格了,该部门的员工才能得到年终奖金;财务部有些员工考评合格了;综合部所有员工都得到了年终奖金;行政部的赵强考评合格了。

如果以上陈述为真,则以下哪项可能为真?

Ⅰ.财务部员工都考评合格了。

Ⅱ.赵强得到了年终奖金。

Ⅲ.综合部有些员工没有考评合格。

Ⅳ.财务部员工没有得到年终奖金。

A. 仅Ⅰ、Ⅱ。                    B. 仅Ⅱ、Ⅲ。

C. 仅Ⅰ、Ⅱ、Ⅳ。              D. 仅Ⅰ、Ⅱ、Ⅲ。

E. 仅Ⅱ、Ⅲ、Ⅳ。

49. 对某高校本科生的某项调查统计发现:在因成绩优异被推荐免试攻读硕士研究生的文科专业学生中,女生占 70%。由此可见,该校本科文科专业的女生比男生优秀。

以下哪项如果为真,能最有力地削弱上述结论?

A. 在该校本科文科专业学生中,女生占 30%以上。

B. 在该校本科文科专业学生中,女生占 30%以下。

C. 在该校本科文科专业学生中,男生占 30%以下。

D. 在该校本科文科专业学生中,女生占 70%以下。

E. 在该校本科文科专业学生中,男生占70%以上。

50~51 题基于以下题干

某家长认为,有想象力才能进行创造性劳动,但想象力和知识是天敌。人在获得知识的过程中,想象力会消失。因为知识符合逻辑,而想象力无章可循。换句话说,知识的本质是科学,想象力的特征是荒诞。人的大脑一山不容二虎:学龄前,想象力独占鳌头,脑子被想象力占据;上学后,大多数人的想象力被知识驱逐出境,他们成为知识渊博但丧失了想象力、终身只能重复前人发现的人。

50. 以下哪项是该家长论证所依赖的假设?

Ⅰ. 科学是不可能荒诞的,荒诞的就不是科学。

Ⅱ. 想象力和逻辑水火不相容。

Ⅲ. 大脑被知识占据后很难重新恢复想象力。

A. 仅Ⅰ。                  B. 仅Ⅱ。

C. 仅Ⅰ和Ⅱ。          D. 仅Ⅱ和Ⅲ。

E. Ⅰ、Ⅱ和Ⅲ。

51. 以下哪项与该家长的上述观点矛盾?

A. 如果希望孩子能够进行创造性劳动,就不要送他们上学。

B. 如果获得了足够知识,就不能进行创造性劳动。

C. 发现知识的人是有一定想象力的。

D. 有些人没有想象力,但能进行创造性劳动。

E. 想象力被知识驱逐出境是一个逐渐的过程。

52. 一些城市,由于作息时间比较统一,加上机动车太多,很容易形成交通早高峰和晚高峰。市民们在高峰时间上下班很不容易。为了缓解人们上下班的交通压力,某政府顾问提议采取不同时间段上下班制度,即不同单位可以在不同的时间段上下班。

以下哪项如果为真,最可能使该顾问的提议无法取得预期效果?

A. 有些上班时间段与员工的用餐时间冲突,会影响他们的生活乐趣,从而影响他们的工作积极性。

B. 许多上班时间段与员工的正常作息时间不协调,他们需要较长一段时间来调整适应,这段时间的工作效率难以保证。

C. 许多单位的大部分工作通常需要员工们在一起讨论,集体合作才能完成。

D. 该市的机动车数量持续增加,即使不在早晚高峰期,交通拥堵也时有发生。

E. 有些单位员工的住处与单位很近,步行即可上下班。

53. 参加某国际学术研讨会的 60 名学者中,亚裔学者 31 人,博士 33 人,非亚裔学者中无博士学位的 4 人。

根据上述陈述,参加此次国际研讨会的亚裔博士有几人?

A. 1 人。      B. 2 人。

C. 4 人。      D. 7 人。

E. 8 人。

54. 在恐龙灭绝 6 500 万年后的今天,地球正面临着又一次物种大规模灭绝的危机。截至 20 世纪末,全球大约有 20% 的物种灭绝。现在,大熊猫、西伯利亚虎、北美玳瑁、巴西红木等许多珍稀物种面临着灭绝的危险。有三位学者对此做了如下预测:

学者一:如果大熊猫灭绝,则西伯利亚虎也将灭绝;

学者二:如果北美玳瑁灭绝,则巴西红木不会灭绝;

学者三:或者北美玳瑁灭绝,或者西伯利亚虎不会灭绝。

如果三位学者的预测都为真,则以下哪项一定为假?

A. 大熊猫和北美玳瑁都将灭绝。

B. 巴西红木将灭绝,西伯利亚虎不会灭绝。

C. 大熊猫和巴西红木都将灭绝。

D. 大熊猫将灭绝,巴西红木不会灭绝。

E. 巴西红木将灭绝,大熊猫不会灭绝。

55. 某中药配方有如下要求:(1) 如果有甲药材,那么也要有乙药材;(2) 如果没有丙药材,那么必须有丁药材;(3) 人参和天麻不能都有;(4) 如果没有甲药材而有丙药材,则需要有人参。

如果含有天麻,则关于该配方的断定哪项为真?

A. 含有甲药材。　　　　B. 含有丙药材。

C. 没有丙药材。　　　　D. 没有乙药材和丁药材。

E. 含有乙药材或丁药材。

四、写作：第 56~57 小题，共 65 分。其中论证有效性分析 30 分，论说文 35 分。

56. 论证有效性分析：分析下述论证中存在的缺陷和漏洞，选择若干要点，写一篇 600 字左右的文章，对该论证的有效性进行分析和评论。（论证有效性分析的一般要点是：概念特别是核心概念的界定和使用是否准确并前后一致，有无各种明显的逻辑错误，论证的论据是否成立并支持结论，结论成立的条件是否充分，等等。）

    美国学者弗里德曼的《世界是平的》一书认为，全球化对当代人类社会的思想、经济、政治和文化等领域产生了深刻影响。全球化抹去了各国的疆界，使世界从立体变成了平面，也就是说，世界各国之间的社会发展差距正在日益缩小。

    "世界是平的"这一观点，是基于近几十年信息传播技术迅猛发展的状况而提出的。互联网的普及、软件的创新使海量信息迅速扩散到世界各地。由于世界是平的，穷国可以和富国一样在同一平台上接受同样的最新信息。这样就大大促进了穷国的经济发展，从而改善了它们的国际地位。

    事实也是如此。所谓"金砖四国"国际声望的上升，无不得益于它们的经济成就，无不得益于互联网技术的发展。特别是中国经济的起飞，中国在世界上的崛起，无疑也依靠了互联网技术的普及，同时也可作为"世界是平的"这一观点的有力佐证。

　　毋庸置疑,信息传播技术革命还远未结束,互联网技术将会有更大的发展,人类社会将会有更惊人的变化。可以预言,由于信息技术的迅猛发展,世界的经济格局与政治格局将会发生巨大的变化,世界最不发达国家和最发达国家之间再也不会让人有天壤之别的感觉,非洲大陆将会成为另一个北美。同样也可以预言,由于中国的信息技术发展迅猛,中国和世界一样,也会从立体变为平面,中国东西部之间的经济鸿沟将被填平,中国西部的崛起指日可待。

57. 论说文:根据下述材料,写一篇 700 字左右的论说文,题目自拟。

　　一个真正的学者,其崇高使命是追求真理。学者个人的名利乃至生命与之相比都微不足道,但因为其献身于真理就会变得无限伟大。一些著名大学的校训中都含有追求真理的内容。然而,近年学术界的一些状况与追求真理这一使命相去甚远,部分学者的功利化倾向越来越严重,抄袭剽窃、学术造假、自我炒作、沽名钓誉等现象时有所闻。

# 参考答案

## 一、问题求解

1. B     2. A     3. C     4. B     5. D

6. E     7. B     8. D     9. E     10. D

11. E     12. D     13. A     14. D     15. C

## 二、条件充分性判断

16. A     17. E     18. D     19. B     20. C

21. B     22. A     23. D     24. D     25. C

## 三、逻辑推理

26. E     27. D     28. B     29. E     30. D

31. E     32. B     33. C     34. B     35. D

36. C     37. A     38. B     39. C     40. B

41. B     42. B     43. C     44. A     45. A

46. A     47. D     48. C     49. C     50. E

51. D     52. D     53. E     54. C     55. E

## 四、写作题评分参考

56. 论证有效性分析(30 分)

（1）根据分析评论的内容给分,占 16 分。

本题论证主要存在以下问题:

① 该论证的出发点是美国学者的观点。美国学者的观点只
  是一家之言,把它作为论据缺乏充分的有效性。

② 从"世界是平的"这一观点推论出"穷国可以和富国一样

在同一平台上接受同样的最新信息"，缺乏事实依据的支撑。

③ 中国的经济起飞，不能仅仅归因于互联网技术的普及，国家的改革开放政策应该是更重要的原因。同样，世界经济格局与政治格局的变化也不能仅仅归因于信息技术的迅猛发展。

④ 互联网技术将会有更大的发展，这只是预测，要支持这一预测，尚需更充分的论证。

⑤ 要改变世界上最不发达国家和中国西部的现状，需要现代信息技术，还需要其他条件。

⑥ 中国的国情和世界其他国家的情况不同，不能进行简单类比。

（2）按论证程度、文章结构与语言表达给分，占 14 分。

分四类卷给分：

一类卷（12~14 分）：分析论证有力，结构严谨，条理清楚，语言精练流畅。

二类卷（8~11 分）：分析论证较有力，结构较严谨，条理较清楚，语言较通顺，有少量语病。

三类卷（4~7 分）：尚有分析论证，结构不够完整，语言欠连贯，语病较多。

四类卷（0~3 分）：明显偏离题意，内容空洞，条理不清，语句不通。

（3）每 3 个错别字扣 1 分，重复的不计，至多扣 2 分。

（4）书面不整洁,标点不正确,酌情扣 1~2 分。

57. 论说文(35 分)

（1）按照内容、结构、语言三项综合评分。

一类卷(30~35 分):立意深刻,中心突出,结构完整,行文流畅。

二类卷(24~29 分):中心明确,结构较完整,层次较清楚,语句通顺。

三类卷(18~23 分):中心基本明确,结构尚完整,语句较通顺,有少量语病。

四类卷(11~17 分):中心不太明确,结构不够完整,语句不通顺,语病较多。

五类卷(10 分以下):偏离题意,结构残缺,层次混乱,语句不通。

（2）漏拟题目扣 2 分。

（3）每 3 个错别字扣 1 分,重复的不计,至多扣 2 分。

（4）书面不整洁,标点不正确,酌情扣 1~2 分。

# 附　录

## 2022 年全国硕士研究生招生考试
## 管理类综合能力试题

一、问题求解：第 1~15 小题，每小题 3 分，共 45 分。下列每题给出的五个选项中，只有一个选项是最符合题目要求的。

1. 一项工程施工 3 天后，因故停工 2 天，之后工程队提高工作效率 20%，仍能按原计划完成，则原计划工期为

   A. 9 天　　　　　　　　B. 10 天

   C. 12 天　　　　　　　　D. 15 天

   E. 18 天

2. 某商品的成本利润率为 12%.若其成本降低 20% 而售价不变，则利润率为

   A. 32%　　　　　　　　B. 35%

   C. 40%　　　　　　　　D. 45%

   E. 48%

3. 设 $x, y$ 为实数，则 $f(x,y) = x^2 + 4xy + 5y^2 - 2y + 2$ 的最小值为

   A. 1　　　　　　　　　B. $\dfrac{1}{2}$

   C. 2　　　　　　　　　D. $\dfrac{3}{2}$

E. 3

4. 如图 1，$\triangle ABC$ 是等腰直角三角形，以 $A$ 为圆心的圆弧交 $AC$ 于 $D$，交 $BC$ 于 $E$，交 $AB$ 的延长线于 $F$. 若曲边三角形 $CDE$ 与 $BEF$ 的面积相等，则 $\dfrac{AD}{AC} =$

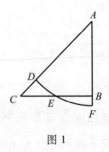

图 1

A. $\dfrac{\sqrt{3}}{2}$      B. $\dfrac{2}{\sqrt{5}}$

C. $\sqrt{\dfrac{3}{\pi}}$      D. $\dfrac{\sqrt{\pi}}{2}$

E. $\sqrt{\dfrac{2}{\pi}}$

5. 如图 2，已知相邻的圆都相切. 从这 6 个圆中随机取出 2 个，这 2 个圆不相切的概率是

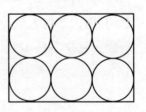

图 2

A. $\dfrac{8}{15}$      B. $\dfrac{7}{15}$

C. $\dfrac{3}{5}$      D. $\dfrac{2}{5}$

E. $\dfrac{2}{3}$

6. 如图 3，在棱长为 2 的正方体中，$A$，$B$ 是顶点，$C$，$D$ 是所在棱的中点，则四边形 $ABCD$ 的面积为

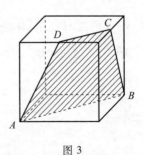

图 3

A. $\dfrac{9}{2}$        B. $\dfrac{7}{2}$

C. $\dfrac{3\sqrt{2}}{2}$        D. $2\sqrt{5}$

E. $3\sqrt{2}$

7. 桌面上放有 8 只杯子,将其中的 3 只杯子翻转(杯口朝上与朝下互换)作为 1 次操作.8 只杯口朝上的杯子经 $n$ 次操作后,杯口全部朝下,则 $n$ 的最小值为

A. 3        B. 4

C. 5        D. 6

E. 8

8. 某公司有甲、乙、丙三个部门.若从甲部门调 26 人到丙部门,则丙部门人数是甲部门人数的 6 倍;若从乙部门调 5 人到丙部门,则丙部门人数与乙部门人数相等.甲、乙两部门人数之差除以 5 的余数为

A. 0        B. 1

C. 2        D. 3

E. 4

9. 在直角 $\triangle ABC$ 中,$D$ 是斜边 $AC$ 的中点,以 $AD$ 为直径的圆交 $AB$ 于 $E$.若 $\triangle ABC$ 的面积为 8,则 $\triangle AED$ 的面积为

A. 1        B. 2

C. 3        D. 4

E. 6

10. 一个自然数的各位数字都是 105 的质因数,且每个质因数

最多出现一次.这样的自然数有

A. 6 个

B. 9 个

C. 12 个

D. 15 个

E. 27 个

11. 购买 A 玩具和 B 玩具各 1 件需花费 1.4 元,购买 200 件 A 玩具和 150 件 B 玩具需花费 250 元.A 玩具的单价为

A. 0.5 元

B. 0.6 元

C. 0.7 元

D. 0.8 元

E. 0.9 元

12. 甲、乙两支足球队进行比赛,比分为 4:2,且在比赛过程中乙队没有领先过,则不同的进球顺序有

A. 6 种

B. 8 种

C. 9 种

D. 10 种

E. 12 种

13. 4 名男生和 2 名女生随机站成一排,女生既不在两端也不相邻的概率为

A. $\dfrac{1}{2}$

B. $\dfrac{5}{12}$

C. $\dfrac{3}{8}$

D. $\dfrac{1}{3}$

E. $\dfrac{1}{5}$

14. 已知 $A,B$ 两地相距 208 km,甲、乙、丙三车的速度分别为 60km/h,80 km/h,90 km/h.甲、乙两车从 $A$ 地出发去 $B$ 地,

丙车从 $B$ 地出发去 $A$ 地,三车同时出发.当丙车与甲、乙两车距离相等时,用时

A. 70 min          B. 75 min

C. 78 min          D. 80 min

E. 86 min

15. 如图 4,用 4 种颜色对图中的五块区域进行涂色,每块区域涂一种颜色,且相邻的两块区域颜色不同.不同的涂色方法有

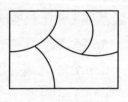

图 4

A. 12 种          B. 24 种

C. 32 种          D. 48 种

E. 96 种

二、条件充分性判断:第 16~25 小题,每小题 3 分,共 30 分。要求判断每题给出的条件(1)和条件(2)能否充分支持题干所陈述的结论。A、B、C、D、E 五个选项为判断结果,请选择一项符合题目要求的判断。

A. 条件(1)充分,但条件(2)不充分.

B. 条件(2)充分,但条件(1)不充分.

C. 条件(1)和条件(2)单独都不充分,但条件(1)和条件(2)联合起来充分.

D. 条件(1)充分,条件(2)也充分.

E. 条件(1)和条件(2)单独都不充分,条件(1)和条件(2)联合起来也不充分.

16. 如图 5，$AD$ 与圆相切于点 $D$，$AC$ 与圆相交于点 $B$，$C$．则能确定 $\triangle ABD$ 与 $\triangle BDC$ 的面积比．

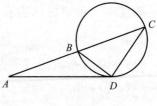

图 5

（1）已知 $\dfrac{AD}{CD}$．

（2）已知 $\dfrac{BD}{CD}$．

17. 设实数 $x$ 满足 $|x-2|-|x-3|=a$．则能确定 $x$ 的值．

（1）$0 < a \leqslant \dfrac{1}{2}$．

（2）$\dfrac{1}{2} < a \leqslant 1$．

18. 两个人数不等的班数学测验的平均分不相等．则能确定人数多的班．

（1）已知两个班的平均分．

（2）已知两个班的总平均分．

19. 在 $\triangle ABC$ 中，$D$ 为 $BC$ 边上的点，$BD$，$AB$，$BC$ 成等比数列．则 $\angle BAC = 90°$．

（1）$BD = DC$．

（2）$AD \perp BC$．

20. 将 75 名学生分成 25 组，每组 3 人．则能确定女生人数．

（1）已知全是男生的组数和全是女生的组数．

（2）只有 1 名男生的组数与只有 1 名女生的组数相等．

21. 某直角三角形的三边长 $a,b,c$ 成等比数列.则能确定公比的值.

 （1）$a$ 是直角边长.

 （2）$c$ 是斜边长.

22. 已知 $x$ 为正实数.则能确定 $x-\dfrac{1}{x}$ 的值.

 （1）已知 $\sqrt{x}+\dfrac{1}{\sqrt{x}}$ 的值.

 （2）已知 $x^2-\dfrac{1}{x^2}$ 的值.

23. 已知 $a,b$ 为实数.则能确定 $\dfrac{a}{b}$ 的值.

 （1）$a,b,a+b$ 成等比数列.

 （2）$a(a+b)>0$.

24. 已知正数列 $\{a_n\}$.则 $\{a_n\}$ 是等差数列.

 （1）$a_{n+1}^2-a_n^2=2n$，$n=1,2,\cdots$.

 （2）$a_1+a_3=2a_2$.

25. 设实数 $a,b$ 满足 $|a-2b|\leqslant 1$.则 $|a|>|b|$.

 （1）$|b|>1$.

 （2）$|b|<1$.

　　三、逻辑推理：第 26~55 小题，每小题 2 分，共 60 分。下列每题给出的五个选项中，只有一个选项是最符合题目要求的。

26. 百年党史充分揭示了中国共产党为什么能、马克思主义为什么行、中国特色社会主义为什么好的历史逻辑、理论逻辑、实践逻辑。面对百年未有之大变局,如果信念不坚定,就会陷入停滞彷徨的思想迷雾,就无法应对前进道路上的各种挑战风险。只有坚持中国特色社会主义道路自信、理论自信、制度自信、文化自信,才能把中国的事情办好、把中国特色社会主义事业发展好。

根据以上陈述,可以得出以下哪项?

A. 如果坚持"四个自信",就能把中国的事情办好。

B. 只要信念坚定,就不会陷入停滞彷徨的思想迷雾。

C. 只有信念坚定,才能应对前进道路上的各种挑战风险。

D. 只有充分理解百年党史揭示的历史逻辑,才能将中国特色社会主义事业发展好。

E. 如果不能理解百年党史揭示的理论逻辑,就无法遵循百年党史揭示的实践逻辑。

27. "君问归期未有期,巴山夜雨涨秋池。何当共剪西窗烛,却话巴山夜雨时。"这首《夜雨寄北》是晚唐诗人李商隐的名作。一般认为这是一封"家书",当时诗人身处巴蜀,妻子在长安,所以说"寄北"。但有学者提出,这首诗实际上是寄给友人的。

以下哪项如果为真,最能支持以上学者的观点?

A. 李商隐之妻王氏卒于大中五年,而该诗作于大中七年。

B. 明清小说戏曲中经常将家庭塾师或官员幕客称为"西席""西宾"。

C. 唐代温庭筠的《舞衣曲》中有诗句"回鸾笑语西窗客,星斗寥寥波脉脉"。

D. 该诗另一题为《夜雨寄内》,"寄内"即寄怀妻子。此说得
到了许多人的认同。

E. "西窗"在古代专指客房、客厅,起自尊客于西的先秦古
礼,并被后世习察日用。

28. 退休在家的老王今晚在《焦点访谈》《国家记忆》《自然传
奇》《人物故事》《纵横中国》这 5 个节目中选择了 3 个节目
观看。老王对观看的节目有如下要求:

(1)如果观看《焦点访谈》,就不观看《人物故事》;

(2)如果观看《国家记忆》,就不观看《自然传奇》。

根据上述信息,老王一定观看了如下哪个节目?

A.《纵横中国》　　　　B.《国家记忆》

C.《自然传奇》　　　　D.《人物故事》

E.《焦点访谈》

29. 2020 年全球碳排放量减少大约 24 亿吨,远远大于之前的创
纪录降幅,例如第二次世界大战结束时下降 9 亿吨,2009 年
金融危机最严重时下降 5 亿吨。非政府组织全球碳计划
(GCP)在其年度评估报告中说,由于各国在新冠肺炎疫情
期间采取了封锁和限制措施,汽车使用量下降了一半左右,
2020 年的碳排放量同比下降了创纪录的 7%。

以下哪项如果为真,最能支持 GCP 的观点?

A. 2020 年碳排放量下降最明显的国家或地区是美国和
欧盟。

B. 延缓气候变化的办法不是停止经济活动,而是加速向低碳能源过渡。

C. 根据气候变化《巴黎协定》,2015 年之后的 10 年全球每年需减排 10~20 亿吨。

D. 2020 年在全球各行业减少的碳排放总量中,交通运输业所占比例最大。

E. 随着世界经济的持续复苏,2021 年全球碳排放量同比下降可能不超过 5%。

30. 某小区 2 号楼 1 单元的住户都打了甲公司的疫苗,小李家不是该小区 2 号楼 1 单元的住户,小赵家都打了甲公司的疫苗,而小陈家都没有打甲公司的疫苗。

根据以上陈述,可以得出以下哪项?

A. 小李家都没有打甲公司的疫苗。

B. 小赵家是该小区 2 号楼 1 单元的住户。

C. 小陈家是该小区的住户,但不是 2 号楼 1 单元的。

D. 小赵家是该小区 2 号楼的住户,但未必是 1 单元的。

E. 小陈家若是该小区 2 号楼的住户,则不是 1 单元的。

31. 某研究团队研究了大约 4 万名中老年人的核磁共振成像数据、自我心理评估等资料,发现经常有孤独感的研究对象和没有孤独感的研究对象在大脑的默认网络区域存在显著差异。默认网络是一组参与内心思考的大脑区域,这些内心思考包括回忆旧事、规划未来、想象等。孤独者大脑的默认网络联结更为紧密,其灰质容积更大。研究人员由此认为,大脑默认网络的结构和功能与孤独感存在正相关。

以下哪项如果为真,最能支持上述研究人员的观点?

A. 人们在回忆过去、假设当下或预想未来时会使用默认网络。

B. 有孤独感的人更多地使用想象、回忆过去和憧憬未来以克服社交隔离。

C. 感觉孤独的老年人出现认知衰退和患上阿尔茨海默病的风险更高,进而导致部分脑区萎缩。

D. 了解孤独感对大脑的影响,拓展我们在这个领域的认知,有助于减少当今社会的孤独现象。

E. 穹窿是把信号从海马体输送到默认网络的神经纤维束,在研究对象的大脑中,这种纤维束得到较好的保护。

32. 关于张、李、宋、孔 4 人参加植树活动的情况如下:

(1)张、李、孔至少有 2 人参加;

(2)李、宋、孔至多有 2 人参加;

(3)如果李参加,那么张、宋两人要么都参加,要么都不参加。

根据以上陈述,以下哪项是不可能的?

A. 宋、孔都参加。　　　　B. 宋、孔都不参加。

C. 李、宋都参加。　　　　D. 李、宋都不参加。

E. 李参加,宋不参加。

33. 2020 年下半年,随着新冠病毒在全球范围内的肆虐及流感季节的到来,很多人担心会出现大范围流感和新冠疫情同

时爆发的情况。但是有病毒学家发现，2009 年甲型 H1N1
流感毒株出现时，自 1977 年以来一直传播的另一种甲型流
感毒株消失了。由此他推测，人体同时感染新冠病毒和流
感病毒的可能性应该低于预期。

以下哪项如果为真，最能支持该病毒学家的推测？

A. 如果人们继续接种流感疫苗，仍能降低同时感染这两种
病毒的概率。

B. 一项分析显示，新冠肺炎患者中大约只有 3% 的人同时感
染另一种病毒。

C. 人体感染一种病毒后的几周内，其先天免疫系统的防御
能力会逐步增强。

D. 为避免感染新冠病毒，人们会减少室内聚集、继续佩戴口
罩、保持社交距离和手部卫生。

E. 新冠病毒的感染会增加参与干扰素反应的基因的活性，
从而防止流感病毒在细胞内进行复制。

34. 补充胶原蛋白已经成为当下很多女性抗衰老的手段之一。
她们认为：吃猪蹄能够补充胶原蛋白，为了美容养颜，最好
多吃些猪蹄。近日有些专家对此表示质疑，他们认为多吃
猪蹄其实并不能补充胶原蛋白。

以下哪项如果为真，最能质疑上述专家的观点？

A. 猪蹄中的胶原蛋白会被人体的消化系统分解，不会直接
以胶原蛋白的形态补充到皮肤中。

B. 人们在日常生活中摄入的优质蛋白和水果、蔬菜中的营

养物质,足以提供人体所需的胶原蛋白。

C. 猪蹄中胶原蛋白的含量并不多,但胆固醇含量高、脂肪多,食用过多会引起肥胖,还会增加患高血压的风险。

D. 猪蹄中的胶原蛋白经过人体消化后会被分解成氨基酸等物质,氨基酸参与人体生理活动,再合成人体必需的胶原蛋白等多种蛋白质。

E. 胶原蛋白是人体皮肤、骨骼和肌腱中的主要结构蛋白,它填充在真皮之间,撑起皮肤组织,增加皮肤紧密度,使皮肤水润而富有弹性。

35. 某单位有甲、乙、丙、丁、戊、己、庚、辛、壬、癸 10 名新进员工,他们所学专业是哲学、数学、化学、金融和会计 5 个专业之一,每人只学其中一个专业。已知:

(1) 若甲、丙、壬、癸中至多有 3 人是数学专业,则丁、庚、辛3 人都是化学专业;

(2) 若乙、戊、己中至多有 2 人是哲学专业,则甲、丙、庚、辛4 人专业各不相同。

根据上述信息,所学专业相同的新员工是

A. 乙、戊、己。　　　　　B. 甲、壬、癸。

C. 丙、丁、癸。　　　　　D. 丙、戊、己。

E. 丁、庚、辛。

36. H 市医保局发出如下公告:自即日起,本市将新增医保电子凭证就医结算,社保卡将不再作为就医结算的唯一凭证。本市所有定点医疗机构均已实现医保电子凭证的实时结算;本市参保人员可凭医保电子凭证就医结算,但只有将医保电子凭证激活后才能扫码使用。

以下哪项最符合上述 H 市医保局的公告内容?

A. H 市非定点医疗机构没有实现医保电子凭证的实时结算。

B. 可使用医保电子凭证结算的医院不一定都是 H 市的定点医疗机构。

C. 凡持有社保卡的外地参保人员,均可在 H 市定点医疗机构就医结算。

D. 凡已激活医保电子凭证的外地参保人员,均可在 H 市定点医疗机构使用医保电子凭证扫码就医。

E. 凡未激活医保电子凭证的本地参保人员,均不能在 H 市定点医疗机构使用医保电子凭证扫码结算。

37. 宋、李、王、吴 4 人均订阅了《人民日报》《光明日报》《参考消息》《文汇报》中的两种报纸,每种报纸均有两人订阅,且各人订阅的均不完全相同。另外,还知道:

(1) 如果吴至少订阅了《光明日报》《参考消息》中的一种,则李订阅了《人民日报》而王未订阅《光明日报》;

(2) 如果李、王两人中至多有一人订阅了《文汇报》,则宋、吴均订阅了《人民日报》。

如果李订阅了《人民日报》,则可以得出以下哪项?

A. 宋订阅了《文汇报》。　　　　B. 宋订阅了《人民日报》。

C. 王订阅了《参考消息》。　　　　D. 吴订阅了《参考消息》。

E. 吴订阅了《人民日报》。

38. 在一项噪声污染与鱼类健康关系的实验中,研究人员将已感染寄生虫的孔雀鱼分成短期噪声组、长期噪声组和对照组。短期噪声组在噪声环境中连续暴露 24 小时,长期噪声组在同样的噪声环境中暴露 7 天,对照组则被置于一个安静环境中。在 17 天的监测期内,该研究人员发现,长期噪声组的鱼在第 12 天开始死亡,其他两组鱼则在第 14 天开始死亡。

以下哪项如果为真,最能解释上述实验结果?

A. 噪声污染不仅危害鱼类,也危害两栖动物、鸟类和爬行动物等。

B. 长期噪声污染会加速寄生虫对宿主鱼类的侵害,导致鱼类过早死亡。

C. 相比于天然环境,在充斥各种噪声的养殖场中,鱼更容易感染寄生虫。

D. 噪声污染使鱼类既要应对寄生虫的感染又要排除噪声干扰,增加鱼类健康风险。

E. 短期噪声组所受的噪声污染可能引起了鱼类的紧张情绪,但不至于损害它们的免疫系统。

39. 节日将至,某单位拟为职工发放福利品,每人可在甲、乙、丙、丁、戊、己、庚 7 种商品中选择其中的 4 种进行组合,并且每种组合还需满足如下要求:

(1) 若选择甲,则丁、戊和庚 3 种中至多选择其一;

（2）若丙、己2种中至少选择1种,则必须选择乙但不能选
择戊。

以下哪项组合符合上述要求?

A. 甲、丁、戊、己。　　　B. 乙、丙、丁、戊。

C. 甲、乙、戊、庚。　　　D. 乙、丁、戊、庚。

E. 甲、丙、丁、己。

40. 幸福是一种主观愉悦的心理体验,更是一种认知和创造美
好生活的能力。在日常生活中,每个人如果既能发现当下
的不足,也能确立前进的目标,并通过实际行动改进不足和
实现目标,就能始终保持对生活的乐观精神。而有了对生
活的乐观精神,就会拥有幸福感。生活中大多数人都拥有
幸福感;遗憾的是,也有一些人能发现当下的不足,并通过
实际行动去改进,但他们却没有幸福感。

根据以上陈述,可以得出以下哪项?

A. 生活中大多数人都有对生活的乐观精神。

B. 个体的心理体验也是个体的一种行为能力。

C. 如果能发现当下的不足并努力改进,就能拥有幸福感。

D. 那些没有幸福感的人即使发现当下的不足,也不愿通过
行动去改变。

E. 确立前进的目标并通过实际行动实现目标,生活中有些
人没能做到这一点。

41~42 题基于以下题干

本科生小刘拟在 4 个学年中选修甲、乙、丙、丁、戊、己、庚、

辛 8 门课程,每个学年选修其中的 1~3 门课程,每门课程均在其中的 1 个学年修完。同时还满足:

（1）后 3 个学年选修的课程数量均不同;

（2）丙、己和辛课程安排在 1 个学年,丁课程安排在紧接其后的 1 个学年;

（3）若第 4 学年至少选修甲、丙、丁中的 1 门课程,则第 1 学年仅选修戊、辛 2 门课程。

41. 如果乙在丁之前的学年选修,则可以得出以下哪项?

    A. 乙在第 1 学年选修。        B. 乙在第 2 学年选修。

    C. 丁在第 2 学年选修。        D. 丁在第 4 学年选修。

    E. 戊在第 1 学年选修。

42. 如果甲、庚均在乙之后的学年选修,则可以得出以下哪项?

    A. 戊在第 1 学年选修。

    B. 戊在第 3 学年选修。

    C. 庚在甲之前的学年选修。

    D. 甲在戊之前的学年选修。

    E. 庚在戊之前的学年选修。

43. 习俗因传承而深入人心,文化因赓续而繁荣兴盛。传统节日带给人们的不只是欢乐和喜庆,还塑造着影响至深的文化自信。不忘历史才能开辟未来,善于继承才能善于创新。传统节日只有不断融入现代生活,其中的文化才能得以赓续而繁荣兴盛,才能为人们提供更多心灵滋养与精神力量。根据以上信息,可以得出以下哪项?

A. 只有为人们提供更多心灵滋养与精神力量,传统文化才能得以赓续而繁荣兴盛。

B. 若传统节日更好地融入现代生活,就能为人们提供更多心灵滋养与精神力量。

C. 有些带给人们欢乐和喜庆的节日塑造着人们的文化自信。

D. 带有厚重历史文化的传统将引领人们开辟未来。

E. 深入人心的习俗将在不断创新中被传承。

44. 当前,不少教育题材影视剧贴近社会现实,直击子女升学、出国留学、代际冲突等教育痛点,引发社会广泛关注。电视剧一阵风,剧外人急红眼,很多家长触"剧"生情,过度代入,焦虑情绪不断增加,引得家庭"鸡飞狗跳",家庭与学校的关系不断紧张。有专家由此指出,这类教育影视剧只能贩卖焦虑,进一步激化社会冲突,对实现教育公平于事无补。

以下哪项如果为真,最能质疑上述专家的主张?

A. 当代社会教育资源客观上总是有限的且分配不平衡,教育竞争不可避免。

B. 父母过度焦虑轻则导致孩子间暗自攀比,重则影响亲子关系、家庭和睦。

C. 教育影视剧一旦引发广泛关注,就会对国家教育政策走向产生重要影响。

D. 教育影视剧提醒学校应明确职责,不能对义务教育实行"家长承包制"。

E. 家长不应成为教育焦虑的"剧中人",而应该用爱包容孩子的不完美。

45~46 题基于以下题干

某电影院制定未来一周的排片计划。他们决定,周二至周日(周一休息)每天放映动作片、悬疑片、科幻片、纪录片、战争片、历史片 6 种类型中的一种,各不重复。已知排片还有如下要求:

(1) 如果周二或周五放映悬疑片,则周三放映科幻片;

(2) 如果周四或周六放映悬疑片,则周五放映战争片;

(3) 战争片必须在周三放映。

45. 根据以上信息,可以得出以下哪项?

A. 周六放映科幻片。　　B. 周日放映悬疑片。

C. 周五放映动作片。　　D. 周二放映纪录片。

E. 周四放映历史片。

46. 如果历史片的放映日期既与纪录片相邻,又与科幻片相邻,则可以得出以下哪项?

A. 周二放映纪录片。　　　　B. 周四放映纪录片。

C. 周二放映动作片。　　　　D. 周四放映科幻片。

E. 周五放映动作片。

47. 有些科学家认为,基因调整技术能大幅延长人类寿命。他们在实验室中调整了一种小型土壤线虫的两组基因序列,成功将这种生物的寿命延长了 5 倍。他们据此声称,如果将延长线虫寿命的科学方法应用于人类,人活到 500 岁就会成为可能。

以下哪项如果为真,最能质疑上述科学家的观点?

A. 基因调整技术可能会导致下一代中一定比例的个体失去
   繁殖能力。

B. 即使将基因调整技术成功应用于人类,也只会有极少的
   人活到 500 岁。

C. 将延长线虫寿命的科学方法应用于人类,还需要经历较
   长一段时间。

D. 人类的生活方式复杂而多样,不良的生活习惯和心理压
   力会影响身心健康。

E. 人类寿命的提高幅度不会像线虫那样简单倍增,200 岁
   以后寿命再延长基本不可能。

48 贾某的邻居易某在自家阳台侧面安装了空调外机。空调一
   开,外机就向贾家卧室窗户方向吹热风,贾某对此叫苦不
   迭,于是找到易某协商此事。易某回答说:"现在哪家没装
   空调? 别人安装就行,偏偏我家就不行?"

   对于易某的回答,以下哪项评价最为恰当?

A. 易某的行为虽影响到了贾家的生活,但易某是正常行使
   自己的权利。

B. 易某的行为已经构成对贾家权利的侵害,应该立即停止
   这种侵权行为。

C. 易某没有将心比心,因为贾家也可以在正对易家卧室窗
   户处安装空调外机。

D. 易某在转移论题,问题不是能不能安装空调,而是安装空调该不该影响邻居。

E. 易某空调外机的安装不应正对贾家卧室的窗户,不能只顾自己享受而让贾家受罪。

49~50 题基于以下题干

某校文学社王、李、周、丁 4 人每人只爱好诗歌、散文、戏剧、小说 4 种文学形式中的一种,且各不相同;他们每人只创作了上述 4 种中的一种作品,且形式各不相同;他们创作的作品形式与各自的文学爱好均不相同。已知:

(1)若王没有创作诗歌,则李爱好小说;

(2)若王没有创作诗歌,则李创作小说;

(3)若王创作诗歌,则李爱好小说且周爱好散文。

49. 根据上述信息,可以得出以下哪项?

A. 王爱好散文。　　　　B. 李爱好戏剧。

C. 周爱好小说。　　　　D. 丁爱好诗歌。

E. 周爱好戏剧。

50. 如果丁创作散文,则可以得出以下哪项?

A. 周创作小说。　　　　B. 李创作诗歌。

C. 李创作小说。　　　　D. 周创作戏剧。

E. 王创作小说。

51. 有科学家进行了对比实验:在一些花坛中种植了金盏草,而在另外一些花坛中未种植金盏草。他们发现:种植了金盏草的花坛,玫瑰长得很繁茂;而那些未种植金盏草的花坛,玫瑰却呈现病态,很快就枯萎了。

以下哪项如果为真,最能解释上述现象?

A. 为了利于玫瑰的生长,某园艺公司推荐种植金盏草而不是直接喷洒农药。

B. 金盏草的根系深度不同于玫瑰,不会与其争夺营养,却可保持土壤湿度。

C. 金盏草的根部可分泌出一种能杀死土壤中害虫的物质,使玫瑰免受其侵害。

D. 玫瑰花坛中的金盏草常被认为是一种杂草,但它对玫瑰的生长具有奇特的作用。

E. 花匠会对种有金盏草和玫瑰的花坛施肥较多,而对仅种有玫瑰的花坛施肥偏少。

52. 李佳、贾元、夏辛、丁东、吴悠5位大学生暑期结伴去皖南旅游。对于5人将要游览的地点,他们却有不同的想法:

李佳:若去龙川,则也去呈坎;

贾元:龙川和徽州古城两个地方至少去一个;

夏辛:若去呈坎,则也去新安江山水画廊;

丁东:若去徽州古城,则也去新安江山水画廊;

吴悠:若去新安江山水画廊,则也去江村。

事后得知,5人的想法都得到了实现。

根据以上信息,上述5人游览的地点肯定有

A. 龙川和呈坎。　　　　B. 江村和新安江山水画廊。

C. 龙川和徽州古城。　　D. 呈坎和新安江山水画廊。

E. 呈坎和徽州古城。

53. 胃底腺息肉是所有胃息肉中最为常见的一种良性病变。最常见的是散发型胃底腺息肉,它多发于 50 岁以上人群。研究人员在研究 10 万人的胃镜检查资料后发现,有胃底腺息肉的患者无人患胃癌,而没有胃底腺息肉的患者中有 178 人发现有胃癌。他们由此断定,胃底腺息肉与胃癌呈负相关。

以下哪项如果为真,最能支持上述研究人员的断定?

A. 有胃底腺息肉的患者绝大多数没有家族癌症史。

B. 在研究人员研究的 10 万人中,50 岁以下的占大多数。

C. 在研究人员研究的 10 万人中,有胃底腺息肉的人仅占 14%。

D. 有胃底腺息肉的患者罹患萎缩性胃炎、胃溃疡的概率显著降低。

E. 胃内一旦有胃底腺息肉,往往意味着没有感染致癌物"幽门螺杆菌"。

54～55 题基于以下题干

某特色建筑项目评选活动设有纪念建筑、观演建筑、会堂建筑、商业建筑、工业建筑 5 个门类的奖项。甲、乙、丙、丁、戊、己 6 位建筑师均有 2 个项目入选上述不同门类的奖项,且每个门类均有上述 6 人的 2～3 个项目入选。已知:

(1) 若甲或乙至少有一个项目入选观演建筑或工业建筑,则乙、丙入选的项目均是观演建筑和工业建筑;

（2）若乙或丁至少有一个项目入选观演建筑或会堂建筑，
则乙、丁、戊入选的项目均是纪念建筑和工业建筑；

（3）若丁至少有一个项目入选纪念建筑或商业建筑，则
甲、己入选的项目均在纪念建筑、观演建筑和商业建
筑之中。

54. 根据上述信息，可以得出以下哪项？

A. 甲有项目入选观演建筑。

B. 丙有项目入选工业建筑。

C. 丁有项目入选商业建筑。

D. 戊有项目入选会堂建筑。

E. 己有项目入选纪念建筑。

55. 若己有项目入选商业建筑，则可以得出以下哪项？

A. 己有项目入选观演建筑。

B. 戊有项目入选工业建筑。

C. 丁有项目入选商业建筑。

D. 丙有项目入选观演建筑。

E. 乙有项目入选工业建筑。

四、写作：第56~57小题，共65分。其中论证有效性分析
30分，论说文35分。

56. 论证有效性分析：分析下述论证中存在的缺陷和漏洞，选择
若干要点，写一篇600字左右的文章，对该论证的有效性进
行分析和评论。（论证有效性分析的一般要点是：概念特别
是核心概念的界定和使用是否准确并前后一致，有无各种

明显的逻辑错误,论证的论据是否成立并支持结论,结论成立的条件是否充分,等等。)

默默无闻、无私奉献虽然是人们尊崇的德行,但这种德行其实不可能成为社会的道德精神。

一种德行必须借助大众媒体的传播,让大家受其感染,并化为自觉意识,然后才能成为社会的道德精神。但是,默默无闻、无私奉献的精神所赖以存在的行为特点是不事张扬、不为人知。既然如此,它就得不到传播,也就不可能成为社会的道德精神。

退一步讲,默默无闻、无私奉献的善举经媒体大力宣传后为更多的人所了解,这就从根本上使这一善举失去了默默无闻的特性。既然如此,这一命题就无从谈起了。

再者,默默无闻的善举一旦被媒体大力宣传,当事人必然会受到社会的肯定与赞赏,而这就是社会对他的回报。既然他从社会得到了回报,怎么还可以说是无私奉献呢?

由此可见,默默无闻、无私奉献的德行注定不可能成为社会的道德精神。

57. 论说文:根据下述材料,写一篇700字左右的论说文,题目自拟。

鸟类会飞是因为它们在进化中不断优化了其身体结构。飞行是一项较特殊的运动,鸟类的躯干进化成了适合飞行的流线型;飞行也是一项需要付出高能量代价的运动,鸟类增强了翅膀、胸肌部位的功能，又改进了呼吸系统，以便给肌肉持续提供氧气。同时，鸟类在进化过程中舍弃了那些沉重的、效率低的身体部件。

## 2022 年全国硕士研究生招生考试

## 管理类综合能力试题参考答案

一、问题求解

| 1. D | 2. C | 3. A | 4. E | 5. A |
|------|------|------|------|------|
| 6. A | 7. B | 8. C | 9. B | 10. D |
| 11. D | 12. C | 13. E | 14. C | 15. E |

二、条件充分性判断

| 16. B | 17. A | 18. C | 19. B | 20. C |
|------|------|------|------|------|
| 21. D | 22. B | 23. E | 24. C | 25. A |

三、逻辑推理

| 26. C | 27. E | 28. A | 29. D | 30. E |
|------|------|------|------|------|
| 31. B | 32. B | 33. E | 34. D | 35. A |
| 36. E | 37. C | 38. B | 39. D | 40. E |
| 41. A | 42. A | 43. C | 44. C | 45. B |
| 46. C | 47. C | 48. C | 49. D | 50. A |
| 51. C | 52. B | 53. E | 54. D | 55. A |

四、写作

56. 论证有效性分析

本题的论证主要存在如下问题：

① "默默无闻、无私奉献是人们尊崇的德行"与"不可能成为社会的道德精神"自相矛盾。

② 社会道德精神的传播不一定要借助大众传媒，也可以通过家庭或学校教育。

③ "当事人"不事张扬，不能等同于其"善事"不为人所知。

④ 善举被大力宣传后为更多的人所了解,不能用来否定当
  事人做事时的默默无闻。

⑤ 社会对当事人的肯定与赞赏,不能用来否定当事人无私
  奉献的动机。

57. 论说文(略)

# 2023 年全国硕士研究生招生考试
## 管理类综合能力试题

一、问题求解:第 1~15 小题,每小题 3 分,共 45 分。下列每题给出的五个选项中,只有一个选项是最符合题目要求的。

1. 油价上涨 5% 后,加一箱油比原来多花 20 元.一个月后油价下降了 4%,则加一箱油需要花

    A. 384 元  B. 401 元

    C. 402.8 元  D. 403.2 元

    E. 404 元

2. 已知甲、乙两公司的利润之比为 3∶4,甲、丙两公司的利润之比为 1∶2.若乙公司的利润为 3 000 万元,则丙公司的利润为

    A. 5 000 万元  B. 4 500 万元

    C. 4 000 万元  D. 3 500 万元

    E. 2 500 万元

3. 一个分数的分子与分母之和为 38,其分子、分母都减去 15,约分后得到 $\frac{1}{3}$,则这个分数的分母与分子之差为

    A. 1  B. 2

    C. 3  D. 4

    E. 5

4. $\sqrt{5+2\sqrt{6}} - \sqrt{3} =$

    A. $\sqrt{2}$  B. $\sqrt{3}$

C. $\sqrt{6}$ D. $2\sqrt{2}$

E. $2\sqrt{3}$

5. 某公司财务部有 2 名男员工、3 名女员工,销售部有 4 名男员工、1 名女员工.现要从中选 2 名男员工、1 名女员工组成工作小组,并要求每个部门至少有 1 名员工入选,则工作小组的构成方式有

A. 24 种 B. 36 种

C. 50 种 D. 51 种

E. 68 种

6. 甲、乙两人从同一地点出发,甲先出发 10 分钟.若乙跑步追赶甲,则 10 分钟可追上;若乙骑车追赶甲,每分钟比跑步多行 100 米,则 5 分钟可追上.那么甲每分钟走的距离为

A. 50 m B. 75 m

C. 100 m D. 125 m

E. 150 m

7. 如图 1,已知点 $A(-1,2)$,点 $B(3,4)$. 若点 $P(m,0)$ 使得 $|PB|-|PA|$ 最大,则

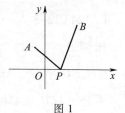

图 1

A. $m=-5$ B. $m=-3$

C. $m=-1$ D. $m=1$

E. $m=3$

8. 由于疫情防控,电影院要求不同家庭之间至少间隔一个座位,同一家庭的成员座位要相连.两个家庭去看电影,一家 3

人,一家 2 人,现有一排 7 个相连的座位,则符合要求的坐法有

A. 36 种          B. 48 种

C. 72 种          D. 144 种

E. 216 种

9. 方程 $x^2-3\,|\,x-2\,|-4=0$ 的所有实根之和为

A. $-4$          B. $-3$

C. $-2$          D. $-1$

E. 0

10. 如图 2,从一个棱长为 6 的正方体中截去两个相同的正三棱锥.若正三棱锥的底面边长 $AB=4\sqrt{2}$,则剩余几何体的表面积为

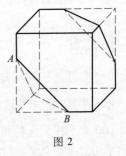

图 2

A. 168          B. $168+16\sqrt{3}$

C. $168+32\sqrt{3}$          D. $112+32\sqrt{3}$

E. $124+32\sqrt{3}$

11. 如图 3,在三角形 $ABC$ 中,$\angle BAC=60°$,$BD$ 平分 $\angle ABC$,交 $AC$ 于 $D$,$CE$ 平分 $\angle ACB$,交 $AB$ 于 $E$,$BD$ 和 $CE$ 交于 $F$,则 $\angle EFB=$

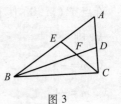

图 3

A. 45°          B. 52.5°

C. 60°          D. 67.5°

E. 75°

12. 跳水比赛中,裁判给某选手的一个动作打分,其平均值为 8.6,方差为 1.1.若去掉一个最高得分 9.7 和一个最低得分 7.3,则剩余得分的

    A. 平均值变小,方差变大　　B. 平均值变小,方差变小

    C. 平均值变小,方差不变　　D. 平均值变大,方差变大

    E. 平均值变大,方差变小

13. 设 $x$ 为正实数,则 $\dfrac{x}{8x^3+5x+2}$ 的最大值为

    A. $\dfrac{1}{15}$　　　　　　　　B. $\dfrac{1}{11}$

    C. $\dfrac{1}{9}$　　　　　　　　D. $\dfrac{1}{6}$

    E. $\dfrac{1}{5}$

14. 如图 4,在矩形 $ABCD$ 中,$AD=2AB$,$E,F$ 分别为 $AD,BC$ 的中点.从 $A,B,C,D,E,F$ 中任意选取 3 个点,则这 3 个点为顶点可组成直角三角形的概率为

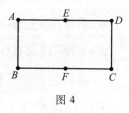

图 4

    A. $\dfrac{1}{2}$　　　　　　　　B. $\dfrac{11}{20}$

    C. $\dfrac{3}{5}$　　　　　　　　D. $\dfrac{13}{20}$

    E. $\dfrac{7}{10}$

15. 快递员收到 3 个同城快递任务,取送地点各不相同,取送件可穿插进行.不同的取送件方式有

  A. 6 种          B. 27 种

  C. 36 种         D. 90 种

  E. 360 种

  二、条件充分性判断:第 16~25 小题,每小题 3 分,共 30 分。要求判断每题给出的条件(1)和条件(2)能否充分支持题干所陈述的结论。A、B、C、D、E 五个选项为判断结果,请选择一项符合题目要求的判断。

  A. 条件(1)充分,但条件(2)不充分.

  B. 条件(2)充分,但条件(1)不充分.

  C. 条件(1)和条件(2)单独都不充分,但条件(1)和条件(2)联合起来充分.

  D. 条件(1)充分,条件(2)也充分.

  E. 条件(1)和条件(2)单独都不充分,条件(1)和条件(2)联合起来也不充分.

16. 有体育、美术、音乐、舞蹈 4 个兴趣班,每名同学至少参加 2 个.则至少有 12 名同学参加的兴趣班完全相同.

  (1)参加兴趣班的同学共有 125 人.

  (2)参加 2 个兴趣班的同学有 70 人.

17. 关于 $x$ 的方程 $x^2 - px + q = 0$ 有两个实根 $a$ 和 $b$.则 $p - q > 1$.

  (1) $a > 1$.

  (2) $b < 1$.

18. 已知等比数列 $\{a_n\}$ 的公比大于 1. 则 $\{a_n\}$ 单调递增.

(1) $a_1$ 是方程 $x^2-x-2=0$ 的根.

(2) $a_1$ 是方程 $x^2+x-6=0$ 的根.

19. 设 $x,y$ 是实数. 则 $\sqrt{x^2+y^2}$ 有最小值和最大值.

(1) $(x-1)^2+(y-1)^2=1$.

(2) $y=x+1$.

20. 设集合 $M=\{(x,y)\mid(x-a)^2+(y-b)^2\leqslant 4\}$, $N=\{(x,y)\mid x>0,y>0\}$. 则 $M\cap N\neq\varnothing$.

(1) $a<-2$.

(2) $b>2$.

21. 甲、乙两车分别从 $A,B$ 两地同时出发相向而行, 1 小时后, 甲车到达 $C$ 点, 乙车到达 $D$ 点 (如图 5). 则能确定 $A,B$ 两地的距离.

(1) 已知 $C,D$ 两地的距离.

(2) 已知甲、乙两车的速度比.

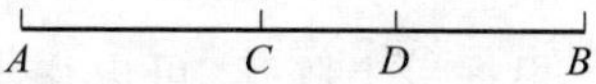

图 5

22. 已知 $m,n,p$ 是三个不同的质数. 则能确定 $m,n,p$ 的乘积.

(1) $m+n+p=16$.

(2) $m+n+p=20$.

23. 八个班参加植树活动, 共植树 195 棵. 则能确定各班植树棵数的最小值.

(1) 各班植树的棵数均不相同.

(2) 各班植树棵数的最大值是 28.

24. 设数列 $\{a_n\}$ 的前 $n$ 项和为 $S_n$. 则 $a_2,a_3,a_4,\cdots$ 为等比数列.

   （1）$S_{n+1}>S_n$，$n=1,2,3,\cdots$.

   （2）$\{S_n\}$ 是等比数列.

25. 甲有两张牌 $a,b$，乙有两张牌 $x,y$，甲、乙各任意取出一张牌.

   则甲取出的牌不小于乙取出的牌的概率不小于 $\dfrac{1}{2}$.

   （1）$a>x$.

   （2）$a+b>x+y$.

   三、逻辑推理：第 26~55 小题，每小题 2 分，共 60 分。下列每题给出的五个选项中，只有一个选项是最符合题目要求的。

26. 爱因斯坦思想深刻、思维创新。他不仅是一位伟大的科学家，还是一位思想家和人道主义者，同时也是一位充满个性的有趣人物。他一生的经历表明，只有拥有诙谐幽默、充满个性的独立人格，才能做到思想深刻、思维创新。

   根据以上陈述，可以得出以下哪项？

   A. 有的思想家不是人道主义者。

   B. 有些伟大的科学家拥有诙谐幽默、充满个性的独立人格。

   C. 科学家一旦诙谐幽默、充满个性，就能做到思想深刻、思维创新。

   D. 有些人道主义者诙谐幽默、充满个性，但做不到思想深刻、思维创新。

   E. 有的思想家做不到诙谐幽默、充满个性，但能做到思想深刻、思维创新。

27. 处理餐厨垃圾的传统方式主要是厌氧发酵和填埋，前者利用垃圾产生的沼气发电,投资成本高;后者不仅浪费土地,还污染环境。近日,某公司尝试利用蟑螂来处理垃圾。该公司饲养了3亿只"美洲大蠊"蟑螂,每天可吃掉15吨餐厨垃圾。有专家据此认为,用"蟑螂吃掉垃圾"这一生物处理方式解决餐厨垃圾,既经济又环保。

以下哪项如果为真,最能质疑上述专家的观点?

A. 餐厨垃圾经发酵转化为能源的处理方式已被国际认可,我国这方面的技术也相当成熟。

B. 大量人工养殖后,很难保证蟑螂不逃离控制区域,而一旦蟑螂逃离,则会危害周边生态环境。

C. 政府前期在工厂土地划拨方面对该项目给予了政策扶持,后期仍需进行公共安全检测和环境评估。

D. 我国动物蛋白饲料非常缺乏,1吨蟑螂及其所产生的卵鞘,可产生1吨昆虫蛋白饲料,饲养蟑螂将来盈利十分可观。

E. 该公司正在建设新车间,竣工后将能饲养20亿只蟑螂,它们虽然能吃掉全区的餐厨垃圾,但全市仍有大量餐厨垃圾需要通过传统方式处理。

28. 记  者:贵校是如何培养创新型人才的?

受访者:大学生踊跃创新创业是我校的一个品牌。在相关课程学习中,我们注重激发学生创业的积极性,引导学生想创业;通过实训、体验、让学生能创业;通过学校提供专业化的服务,帮助学生创成业。在高校创业者收益榜中,我们学校名列榜首。

以下哪项最可能是上述对话中受访者论述的假设？

A. 不懂创新就不懂创业。

B. 创新能力越强,创业收益越高。

C. 创新型人才培养主要是创业技能的培训和提升。

D. 培养大学生创业能力只是培养创新型人才的任务之一。

E. 创新型人才的主要特征是具有不拘陈规、勇于开拓的创新精神。

29. 某部门抽检了肉制品、白酒、乳制品、干果、蔬菜、水产品、饮料等 7 类商品共 521 种样品,发现其中合格样品 515 种,不合格样品 6 种。已知:

（1）蔬菜、白酒中有 2 种不合格样品;

（2）肉制品、白酒、蔬菜、水产品中有 5 种不合格样品;

（3）蔬菜、乳制品、干果中有 3 种不合格样品。

根据上述信息,可以得出以下哪项?

A. 乳制品中没有不合格样品。

B. 肉制品中没有不合格样品。

C. 蔬菜中没有不合格样品。

D. 白酒中没有不合格样品。

E. 水产品中没有不合格样品。

30. 时时刻刻总在追求幸福的人不一定能获得最大的幸福,刘某说自己获得了最大的幸福,所以,刘某从来不曾追求幸福。

以下哪项与上述论证方式最为相似?

A. 年年岁岁总是帮助他人的人不一定能成为名人,李某说自己成了名人,所以,李某从来不曾帮助他人。

B. 口口声声不断说喜欢你的人不一定最喜欢你,陈某现在说他最喜欢你,所以,陈某过去从未喜欢过你。

C. 冷冷清清空无一人的商场不一定没有利润,某商场今年亏损,所以,该商场总是空无一人。

D. 日日夜夜一直想躲避死亡的士兵反而最容易在战场上丧命,林某在一次战斗中重伤不治,所以,林某从来没有躲避死亡。

E. 分分秒秒每天抢时间工作的人不一定是普通人,宋某看起来很普通,所以,宋某肯定没有每天抢时间工作。

31~32 题基于以下题干

某中学举行田径运动会,高二(3)班甲、乙、丙、丁、戊、己 6人报名参赛。在跳远、跳高和铅球 3 项比赛中,他们每人都报名 1~2 项,其中 2 人报名跳远,3 人报名跳高,3 人报名铅球。另外,还知道:

(1)如果甲、乙至少有 1 人报名铅球,则丙也报名铅球;

(2)如果己报名跳高,则乙和己均报名跳远;

(3)如果丙、戊至少有 1 人报名铅球,则己报名跳高。

31. 根据以上信息,可以得出以下哪项?

A. 甲报名铅球,乙报名跳远。

B. 乙报名跳远,丙报名铅球。

C. 丙报名跳高,丁报名铅球。

D. 丁报名跳远,戊报名跳高。

E. 戊报名跳远,己报名跳高。

32. 如果甲、乙均报名跳高,则可以得出以下哪项?

A. 丁、戊均报名铅球。　　B. 乙、丁均报名铅球。

C. 甲、戊均报名铅球。　　D. 乙、戊均报名铅球。

E. 甲、丁报名铅球。

33. 进入移动互联网时代,扫码点餐、在线挂号、网购车票、电子支付等智能化生活方式日益普及,人们的生活越来越便捷。然而,也有很多老年人因为不会使用智能手机等设备,无法进入菜场、超市和公园,也无法上网娱乐与购物,甚至在新冠疫情期间因无法从手机中调出健康码而被拒绝乘坐公共交通。对此,某专家指出,社会正在飞速发展,不可能"慢"下来等老年人;老年人应该加强学习,跟上时代发展。

以下哪项如果为真,最能质疑该专家的观点?

A. 老年人也享有获得公共服务的权利,为他们保留老办法,提供传统服务,既是一种社会保障,更是一种社会公德。

B. 有些老年人学习能力较强,能够熟练使用多种电子产品,充分感受移动互联网时代的美好。

C. 目前中国有 2 亿多老年人,超 4 成的老年人存在智能手机使用障碍,仅会使用手机打电话。

D. 社会管理和服务不应只有一种模式,而应更加人性化和多样化,有些合理的生活方式理应得到尊重。

E. 有些老年人感觉自己被时代抛弃了,内心常常充斥着窘迫与挫败感,这容易导致他们与社会的加速脱离。

34. 某单位采购了一批图书,包括科学和人文两大类。具体情况如下:

(1) 哲学类图书都是英文版的;

(2) 部分文学类图书不是英文版的;

(3) 历史类图书都是中文版的;

(4) 没有一本书是中英双语版的;

(5) 科学类图书既有中文版的,也有英文版的;

(6) 人文类图书既有哲学类的,也有文学类的,还有历史类的。

根据以上信息,关于该单位采购的这批图书,可以得出以下哪项?

A. 有些文学类图书是中文版的。

B. 有些历史类图书不属于哲学类。

C. 英文版图书比中文版图书数量多。

D. 有些图书既属于哲学类也属于科学类。

E. 有些图书既属于文学类也属于历史类。

35. 曾几何时,“免费服务”是互联网的重要特征之一,如今这一情况正在发生改变。有些人在网上开辟知识付费平台,让寻求知识、学习知识的读者为阅读“买单”,这改变了人们通过互联网免费阅读的习惯。近年来,互联网知识付费市场的规模正以连年翻番的速度增长。但是有专家指出,知识付费市场的发展不可能长久,因为人们大多不愿为网络阅读付费。

以下哪项如果为真,最能质疑上述专家的观点?

A. 高强度的生活节奏使人无法长时间、系统性阅读纸质文本,见缝插针、随时呈现式的碎片化、网络化阅读已成为获取知识的常态。

B. 日常工作的劳累和焦虑使得人们更喜欢在业余时间玩网络游戏、看有趣视频或与好友进行微信聊天。

C. 日益增长的竞争压力促使当代人不断学习新知识,只要知识付费平台做得足够好,他们就愿意为此付费。

D. 当前网上知识付费平台竞争激烈,尽管内容丰富、形式多样,但是鱼龙混杂、缺少规范,一些年轻人沉湎其中难以自拔。

E. 当前,许多图书资料在互联网上均能免费获得,只要合理用于自身的学习和研究一般不会产生知识产权问题。

36. 甲:如今,独特性正成为中国人的一种生活追求。试想周末我穿着一件心仪的衣服走在大街上,突然发现你迎面走来,和我穿得一模一样,"撞衫"的感觉八成会是尴尬之中带着一丝不快,因为自己不再独一无二。

乙:独一无二真的那么重要吗?想想二十世纪七十年代满大街的中山装、八十年代遍地的喇叭裤,每个人也活得很精彩。再说"撞衫"总是难免的,再大的明星也有可能"撞衫",所谓的独特只是一厢情愿。走自己的路,不要管自己是否和别人一样。

以下哪项是对甲、乙对话最恰当的评价？

A. 甲认为独一无二是现在每个中国人的追求，而乙认为没有人能做到独一无二。

B. 甲关心自己是否和别人"撞衫"，而乙不关心自己是否和别人一样。

C. 甲认为"撞衫"八成会让自己感到不爽，而乙认为自己想怎么样就怎么样。

D. 甲关心的是个人生活的独特性，而乙关心的是个人生活的自我认同。

E. 甲认为乙遇到"撞衫"无所谓，而乙认为别人根本管不着自己穿什么。

37~38 题基于以下题干

某研究所甲、乙、丙、丁、戊 5 人拟定去我国四大佛教名山普陀山、九华山、五台山、峨眉山考察。他们每人去了上述两座名山，且每座名山均有其中的 2~3 人前往，丙与丁结伴考察。已知：

（1）如果甲去五台山，则乙和丁都去五台山；

（2）如果甲去峨眉山，则丙和戊都去峨眉山；

（3）如果甲去九华山，则戊去九华山和普陀山。

37. 根据以上信息，可以得出以下哪项？

A. 甲去五台山和普陀山。　　B. 乙去五台山和峨眉山。

C. 丙去九华山和五台山。　　D. 戊去普陀山和峨眉山。

E. 丁去峨眉山和五台山。

38. 如果乙去普陀山和九华山，则 5 人去四大名山（按题干所列顺序）的人次之比是

 A. 3：3：2：2          B. 2：3：3：2

 C. 2：2：3：3          D. 3：2：2：3

 E. 3：2：3：2

39. 水在温度高于 374 ℃、压力大于 22 MPa 的条件下，称为超临界水。超临界水能与有机物完全互溶，同时还可以大量溶解空气中的氧，而无机物特别是盐类在超临界水中的溶解度很低。由此，研究人员认为，利用超临界水作为特殊溶剂，水中的有机物和氧气可以在极短时间内完成氧化反应，把有机物彻底"秒杀"。

以下哪项如果为真，最能支持上述研究人员的观点？

 A. 有机物在超临界水中通过分离装置可瞬间转化为无毒无害的水、无机盐以及二氧化碳等气体，并最终在生产和生活中得到回收利用。

 B. 超临界水氧化技术具有污染物去除率高、二次污染小、反应迅速等特征，被认为是废水处理技术中的"杀手锏"，具有广阔的工业应用前景。

 C. 超临界水只有兼具气体与液体的高扩散性、高溶解性、高反应活性及低表面张力等优良特性，才能把有机物彻底"秒杀"。

 D. 超临界水氧化技术对难以降解的农化、石油、制药等有机废水尤为适用。

E. 如果超临界水氧化技术成功应用于化工、制药等行业的污水处理,可有效提升流域内重污染行业的控源减排能力。

40. 小陈与几位朋友商定利用假期到某地旅游,他们在桃花坞、第一山、古生物博物馆、新四军军部旧址、琉璃泉、望江阁6个景点中选择了4个游览。已知:

(1) 如果选择桃花坞,则不选择古生物博物馆而选择望江阁;

(2) 如果选择望江阁,则不选择第一山而选择新四军军部旧址。

根据以上信息,可以得出以下哪项?

A. 他们选择了桃花坞。

B. 他们没有选择望江阁。

C. 他们选择了新四军军部旧址。

D. 他们没有选择第一山。

E. 他们没有选择古生物博物馆。

41. 张先生欲花5万元购置橱柜、卫浴或供暖设备。已知:

(1) 如果买橱柜,就不买卫浴,也不买供暖设备;

(2) 如果不买橱柜,就买卫浴;

(3) 如果卫浴、橱柜至少有一种不买,则买供暖设备。

根据以上陈述,关于张先生的购买打算,可以得出以下哪项?

A. 买橱柜和卫浴。　　　　B. 买橱柜和供暖设备。

C. 买橱柜,但不买卫浴。　　　D. 买卫浴和供暖设备。

E. 买卫浴,但不买供暖设备。

42. 某台电脑的登录密码由 0~9 中的 6 个数字组成,每个数字最多出现一次。关于该 6 位密码,已知:

(1) 7 4 1 6 0 5 中,共有 4 个数字正确,其中 3 个位置正确,1 个位置不正确;

(2) 3 2 0 9 6 8 中,恰有 3 个数字正确且位置正确;

(3) 4 1 7 2 8 0 中,共有 4 个数字不正确。

根据上述信息,可以得出该登录密码的前两位是

A. 7 1　　　　　　　　　　B. 4 2

C. 7 2　　　　　　　　　　D. 3 1

E. 3 4

43. 研究表明,鱼油中的不饱和脂肪酸能够有效降低人体内血脂水平并软化血管。因此,鱼油通常被用来预防由高血脂引起的心脏病、动脉粥样硬化和高胆固醇血症等疾病,降低死亡风险。但有研究人员认为,食用鱼油不一定能够有效控制血脂水平并预防由高血脂引起的各种疾病。

以下哪项如果为真,最能支持上述研究人员的观点?

A. 鱼油虽然优于猪油、牛油,但毕竟是脂肪,如果长期食用,就容易引起肥胖。

B. 鱼油的概念很模糊,它既指鱼体内的脂肪,也包括被做成保健品的鱼油制剂。

C. 不饱和脂肪酸很不稳定,只要接触空气、阳光,就会氧化

分解。

D. 通过长期服用鱼油制品来控制体内血脂的观点始终存在学术争议。

E. 人们若要身体健康最好注重膳食平衡,而不是仅仅依靠服用浓缩鱼油。

44. 近年来,一些地方修改了本地见义勇为相关条例,强调对生命的敬畏和尊重,既肯定大义凛然、挺身而出的见义勇为,更鼓励和倡导科学、合法、正当的"见义智为"。有专家由此指出,从鼓励见义勇为到倡导"见义智为",反映了社会价值观念的进步。

以下各项如果为真,则除了哪项均能支持上述专家的观点?

A. "见义智为"强调以人为本、合理施救,表明了科学理性、互帮互助的社会价值取向。

B. 有时见义勇为需要专业技术知识,普通民众如果没有相应的知识,最好不要贸然行事,应及时报警求助。

C. 所有的生命都是平等的,救人者与被救者都具有同等的生命价值,救人者的生命同样应得到尊重和爱护。

D. 我国中小学正在引导学生树立应对突发危机事件的正确观念,教育学生如何在保证自身安全的情况下"机智"救助他人。

E. 倡导"见义智为"容易给一些自私懦弱的人逃避社会责任制造借口,见死不救的惨痛案例可能会增多,社会道德水平可能因此而下滑。

45. 近期一项调查数据显示:中国并不缺少外科医生,而是缺少能做手术的外科医生;中国人均拥有的外科医生数量同其他中高收入国家相当,但中国人均拥有的外科医生所做的手术量却比那些国家少40%。

以下哪项如果为真,最能解释上述现象?

A. 年轻外科医生一般总要花费数年时间协助资深外科医生手术,然后才有机会亲自主刀上阵,这已成为国内外医疗行业惯例。

B. 近年来,我国能做手术的外科医生的人均手术量,已与其他中高收入国家外科医生的人均手术量基本相当。

C. 患者在需要外科手术时都想请经验丰富的外科医生为其主刀,不愿成为年轻医生的练习对象,对此医院一般都会有合理安排。

D. 资深外科医生经常收到手术邀请,他们常年奔波在多所医院为年轻医生主刀示范,培养了不少新人。

E. 从一名医学院学生成长为能做手术的外科医生,需要经历漫长的学习过程,有些人中途不得不放弃梦想而另谋职业。

46~47 题基于以下题干

某单位购买了《尚书》《周易》《诗经》《论语》《老子》《孟子》各 1 本,分发给甲、乙、丙、丁、戊 5 个部门,每个部门至少 1 本。已知:

(1) 若《周易》《老子》《孟子》至少有 1 本分发给甲或乙部

门,则《尚书》分发给丁部门且《论语》分发给戊部门;

（2）若《诗经》《论语》至少有 1 本分发给甲或乙部门,则《周易》分发给丙部门且《老子》分发给戊部门。

46. 若《尚书》分发给丙部门,则可以得出以下哪项?

   A.《诗经》分发给甲部门。　　　B.《论语》分发给乙部门。

   C.《老子》分发给丙部门。　　　D.《孟子》分发给丁部门。

   E.《周易》分发给戊部门。

47. 若《老子》分发给丁部门,则以下哪项是不可能的?

   A.《周易》分发给甲部门。　　　B.《周易》分发给乙部门。

   C.《诗经》分发给丙部门。　　　D.《尚书》分发给丁部门。

   E.《诗经》分发给戊部门。

48. "嫦娥"登月、"神舟"巡天,我国不断谱写飞天梦想的新篇章。基于太空失重环境的多重效应,研究人员正在探究植物在微重力环境下生存的可能性。他们设想,如果能够在太空中种植新鲜水果和蔬菜,则不仅有利于航天员的身体健康,而且可以降低食物的上天成本,同时,可以利用其消耗的二氧化碳产生氧气,为航天员生活与工作提供有氧环境。

以下哪项如果为真,则可能成为研究人员实现上述设想的最大难题?

A. 为了携带种子、土壤等种植必需品上天,飞船需要减少其他载荷以满足发射要求,这可能影响其他科学实验的安排。

B. 有些航天员虽然在地面准备阶段学习掌握了植物栽培技

术,但在太空的实际操作中他们可能会遇到意想不到的情况。

C. 太空中的失重、宇宙射线等因素会对植物的生长和发育产生不良影响,食用这些植物可能有损航天员的健康。

D. 有些航天员将植物带入太空,又成功带回地面,短暂的太空经历对这些植物后来的生长发育可能造成影响。

E. 过去很多航天器携带植物上天,因为缺乏生长条件,这些植物都没有存活很长时间。

49. 十多年前曾有传闻:M 国从不生产一次性筷子,完全依赖进口,而且 M 国 96% 的一次性筷子来自中国。2019 年有媒体报道:"去年 M 国出口的木材中,约有 40% 流向了中国市场,而且今年中国订单的比例还在进一步攀升,中国已成为 M 国木材出口中占比最大的国家。"张先生据此认为,中国和 M 国木材进出口角色的转换,表明中国人的环保意识已经超越 M 国。

以下哪项如果为真,最能削弱张先生的观点?

A. 十多年前的传闻不一定反映真实情况,实际情形是中国的一次性筷子比其他国家的更便宜。

B. 从 2018 年起,中国相关行业快速发展,木材需求急剧增长;而 M 国多年养护的速生林正处于采伐期,出口量逐年递增。

C. 近年中国修订相关规范,原来只用于商品外包装的 M 国杉木现也可用于木结构建筑物,导致进口大增。

D. 制作一次性筷子的木材主要取自速生杨树或者桦树,这类速生树种只占中国经济林的极小部分。

E. 中国和 M 国在木材贸易上的角色转换主要是经济发展导致,环保意识只是因素之一,但不是主要因素。

50. 某公司为了让员工多运动,近日出台一项规定:每月按照 18 万步的标准对员工进行考核,如果没有完成步行任务,则按照"一步一分钱"标准扣钱。有专家认为,此举鼓励运动,看似对员工施加压力,实质上能够促进员工的身心健康,引导整个企业积极向上。

以下各项如果为真,则除哪项外均能质疑上述专家的观点?

A. 按照我国《劳动法》等相关法律规定,企业规章制度所涉及的员工行为应与工作有关,而步行显然与工作无关。

B. 步行有益身体健康,但规定每月必须步行 18 万步,不达标就扣钱,显得有些简单粗暴,这会影响员工对企业的认同感。

C. 公司鼓励员工多运动,此举不仅让员工锻炼身体,还可释放工作压力,培养良好品格,改善人际关系。

D. 有员工深受该规定的困扰,为了完成考核,他们甚至很晚不得不外出运动,影响了正常休息。

E. 该公司老张在网上购买了专门刷步行数据的服务,只花 1 元钱就可轻松购得两万步。

51. 通过第三方招聘进入甲公司从事销售工作的职员均具有会计学专业背景。孔某的高中同学均没有会计学专业背景,甲公司销售部经理孟某是孔某的高中同学,而孔某是通过第三方招聘进入甲公司的。

根据以上信息,可以得出以下哪项?

A. 孔某具有会计学专业背景。

B. 孟某不是通过第三方招聘进入甲公司的。

C. 孟某曾经自学了会计学专业知识。

D. 孔某在甲公司做销售工作。

E. 孔某和孟某在大学阶段不是同学。

52. 入冬以来,天气渐渐寒冷。11 月 30 日,某地气象台对未来 5 天的天气预报显示:未来 5 天每天的最高气温从 4℃ 开始逐日下降至 -1℃;每天的最低气温不低于 -6℃;最低气温 -6℃ 只出现在其中一天。预报还包含如下信息:

(1)未来 5 天中的最高气温和最低气温不会出现在同一天,每天的最高气温和最低气温均为整数;

(2)若 5 号的最低气温是未来 5 天中最低的,则 2 号的最低气温比 4 号的高 4℃;

(3)2 号和 4 号每天的最高气温与最低气温之差均为 5℃。

根据以上预报信息,可以得出以下哪项?

A. 1 号的最低气温比 2 号的高 2℃。

B. 3 号的最高气温比 4 号的高 1℃。

C. 4 号的最高气温比 5 号的高 1℃。

D. 3 号的最低气温为 -6℃。

E. 2 号的最低气温为 -3℃。

53. 甲:张某爱出风头,我不喜欢他。

乙:你不喜欢他没关系,他工作一直很努力,成绩很突出。

以下哪项与上述反驳方式最为相似?

A. 甲:李某爱慕虚荣,我很反对。

乙:反对有一定道理,但你也应该体谅一下他,他身边的
朋友都是成功人士。

B. 甲:贾某整天学习,寡言少语,神情严肃,我很担心他。

乙:你的担心是多余的。他最近在潜心准备考研,有些紧
张是正常的。

C. 甲:韩某爱管闲事,我有点讨厌他。

乙:你的态度有问题。爱管闲事说明他关心别人,乐于
助人。

D. 甲:钟某爱看足球赛,但自己从来不踢足球,对此我很不
理解。

乙:我对你的想法也不理解,欣赏和参与是两回事啊。

E. 甲:邓某爱读书但不求甚解,对此我很有看法。

乙:你有看法没用。他的文学素养挺高,已经发表了3篇
小说。

54~55题基于以下题干

某机关甲、乙、丙、丁4人参加本年度综合考评。在德、能、
勤、绩、廉5个方面的单项考评中,他们之中都恰有3人被
评为"优秀",但没有人5个单项均被评为"优秀"。已知:

(1) 若甲和乙在德方面均被评为"优秀",则他们在廉方面

也均被评为"优秀";

（2）若乙和丙在德方面均被评为"优秀"，则他们在绩方面
也均被评为"优秀"；

（3）若甲在廉方面被评为"优秀"，则甲和丁在绩方面均被
评为"优秀"。

54. 根据上述信息，可以得出以下哪项？

A. 甲在廉方面被评为"优秀"。

B. 丙在绩方面被评为"优秀"。

C. 丙在能方面被评为"优秀"。

D. 丁在勤方面被评为"优秀"。

E. 丁在德方面被评为"优秀"。

55. 若甲在绩方面未被评为"优秀"且丁在能方面未被评为"优
秀"，则可以得出以下哪项？

A. 甲在勤方面未被评为"优秀"。

B. 甲在能方面未被评为"优秀"。

C. 乙在德方面未被评为"优秀"。

D. 丙在廉方面未被评为"优秀"。

E. 丁在廉方面未被评为"优秀"。

四、写作：第 56~57 小题，共 65 分。其中论证有效性分析
30 分，论说文 35 分。

56. 论证有效性分析：分析下述论证中存在的缺陷和漏洞，选择
若干要点，写一篇 600 字左右的文章，对该论证的有效性进
行分析和评论。（论证有效性分析的一般要点是：概念特别

是核心概念的界定和使用是否准确并前后一致,有无各种明显的逻辑错误,论证的论据是否成立并支持结论,结论成立的条件是否充分,等等。)

随着人口的老龄化,大家都在谈论老年人还要不要继续工作的话题。我们认为,老年人应该继续工作。

我国《宪法》规定:"中华人民共和国公民有劳动的权利和义务。"由此可见,老年人继续工作是法律赋予他们的权利。

据统计,我国 2019 年的人均预期寿命已经达到 77.3岁,这说明老年人的健康水平大大提高了,所以老年人完全有能力继续工作。

如果老年人不再继续工作而退出劳动力市场,就势必会打破劳动力市场的原有平衡,从而造成社会劳动力的短缺。如果老年人继续工作,就能有效地避免这一问题。

此外,老年人有权利享受更高质量的生活。他们想增加收入,改善生活,就应该继续工作。再说,有规律的生活方式有益于身体健康,而工作实际上是一种有规律的生活方式,所以老年人继续工作还有益于其身体健康。

57. 论说文:根据下述材料,写一篇 700 字左右的论说文,题目自拟。

人们常说"领导艺术",可见领导与艺术之间存在着某种相似点,如领导一个团队完成某项任务就和指挥一个乐队演奏某首乐曲一样。

## 2023 年全国硕士研究生招生考试
## 管理类综合能力试题参考答案

### 一、问题求解

| | | | | |
|---|---|---|---|---|
| 1. D | 2. B | 3. D | 4. A | 5. D |
| 6. C | 7. A | 8. C | 9. B | 10. B |
| 11. C | 12. E | 13. B | 14. E | 15. D |

### 二、条件充分性判断

| | | | | |
|---|---|---|---|---|
| 16. D | 17. C | 18. C | 19. A | 20. E |
| 21. E | 22. A | 23. C | 24. C | 25. B |

### 三、逻辑推理

| | | | | |
|---|---|---|---|---|
| 26. B | 27. B | 28. C | 29. D | 30. A |
| 31. B | 32. A | 33. A | 34. B | 35. C |
| 36. D | 37. E | 38. A | 39. A | 40. C |
| 41. D | 42. E | 43. C | 44. E | 45. B |
| 46. D | 47. E | 48. C | 49. B | 50. C |
| 51. B | 52. D | 53. E | 54. E | 55. C |

### 四、写作

56. 论证有效性分析

本题的论证主要存在如下问题：

① 《宪法》还规定了退休制度，不能片面引用某一条款来论证老年人应该继续工作。

② 人均预期寿命的延长不等于健康寿命的延长，不是老年人应该继续工作的充分条件。

③ 老年人退出劳动力市场，未必会造成劳动力短缺。

④ 老年人继续工作,不一定能解决劳动力短缺问题。

⑤ 老年人增加收入的方式有多种,继续工作只是其中之一。

⑥ 工作即使是一种有规律的生活方式,也不一定有益于老年人的身体健康。

57. 论说文(略)